U0895247

"十三五"国家重点出版物出版规划项目

⊙转型时代的中国财经战略论丛⊙

国有企业上游垄断对中国资源配置效率的影响研究

魏庆文 著

中国财经出版传媒集团

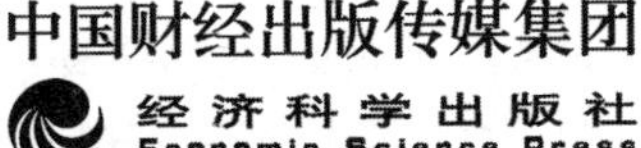

图书在版编目（CIP）数据

国有企业上游垄断对中国资源配置效率的影响研究/
魏庆文著．—北京：经济科学出版社，2020.12
（转型时代的中国财经战略论丛）
ISBN 978－7－5218－2078－2

Ⅰ.①国… Ⅱ.①魏… Ⅲ.①国有企业－垄断组织－影响－资源配置－研究－中国 Ⅳ.①F124.5②F279.241

中国版本图书馆 CIP 数据核字（2020）第 222495 号

责任编辑：于 源 姜思伊
责任校对：靳玉环
责任印制：范 艳

国有企业上游垄断对中国资源配置效率的影响研究
魏庆文 著
经济科学出版社出版、发行 新华书店经销
社址：北京市海淀区阜成路甲 28 号 邮编：100142
总编部电话：010－88191217 发行部电话：010－88191522
网址：www.esp.com.cn
电子邮箱：esp@esp.com.cn
天猫网店：经济科学出版社旗舰店
网址：http://jjkxcbs.tmall.com
北京季蜂印刷有限公司印装
710×1000 16 开 9 印张 140000 字
2021 年 3 月第 1 版 2021 年 3 月第 1 次印刷
ISBN 978－7－5218－2078－2 定价：42.00 元

前　言

改革开放40多年来，中国下游产品部门的竞争水平已经大幅提升，市场机制在资源配置中的主导地位逐步确立。然而，上游要素部门仍然在很大程度上处于国有垄断状态，市场配置资源的机制受到诸多限制。这不仅阻碍了高效率非国有企业的市场进入，扩大了产业间收入差距，而且还阻碍了工业化进程、影响经济增长的质量和可持续性，最终损害社会整体的福利水平。

与此同时，随着中国迈入“上中等收入国家”行列，以及面临人口红利消失、资源环境约束趋紧和外部需求萎缩等复杂的国内外环境，中国过去长期实行的依靠资源、廉价劳动力和大规模投资来拉动经济增长的“粗放型”经济增长方式已难以为继，因此，推动经济新一轮高质量增长必须转向依靠以全要素生产率提升为主要内容的“集约型”经济增长方式。而除了企业自身的技术进步以外，资源配置效率的改善是实现全要素生产率提升的又一重要途径，甚至是更为重要的途径。这就引出一个十分重要的问题：国有企业上游垄断的市场竞争结构及其形成过程在中国资源配置效率演进中起到怎样的作用？进一步地，现阶段能否通过推进国有企业改革，打破上游国有企业垄断，进一步改善中国的资源配置效率，从而推动中国经济新一轮高质量增长？

现有文献侧重考察国有企业垄断自身的效率损失，及其对整体经济的效率损失，却在很大程度上忽略了国有企业垄断产业链上游的特征事实及其对下游企业和整体经济的影响，更鲜有文献基于中国特定的国有企业上游垄断的市场竞争结构研究其对中国资源配置效率的影响。显然，这一问题的突破直接关系到改革的进一步深化和未来的经济发展，是当前亟待解决的重要研究课题。

本书以“国有企业上游垄断对中国资源配置效率的影响研究”为题。首先，在理论上剖析国有企业上游垄断对中国资源配置效率的作用机理，区分国有企业上游垄断对中国资源配置效率影响的“直接抑制效应”“间接拖累效应”“竞争退出效应”“空间效应”，并构建产业组织模型，从数理层面分析不同所有制企业在产业链上下游的垄断竞争关系。其次，本书在已有关于国有企业上游垄断和中国资源配置效率测算模型的基础上，结合中国的实际情况予以改进，并应用改进后的模型测算中国的国有企业上游垄断程度和中国的资源配置效率。最后，本书利用中国省际层面的面板数据，实证考察国有企业上游垄断对中国资源配置效率的作用方向和作用程度，并基于空间杜宾模型考察空间因素对二者关系的影响。研究发现，国有企业上游垄断对中国要素配置扭曲的影响呈倒“U”型，具体作用方向取决于正负两方面作用力的相对大小。平均来看，国有企业上游垄断程度与要素配置扭曲水平反向变动：当国有企业沿产业链向上游攀升时，由“竞争退出效应”所导致的资源配置效率的改善，大于由“直接抑制效应”和“间接拖累效应”所导致的资源配置效率的恶化，要素配置扭曲程度有所下降；而当国有企业沿产业链进入下游产业时，由“直接抑制效应”和“间接拖累效应”所导致的资源配置效率的恶化，大于由“竞争退出效应”所导致的资源配置效率的改善，要素配置扭曲程度趋于上升。并且相对而言，国有企业上游垄断对劳动要素配置扭曲的改善程度，大于对资本要素配置扭曲的改善程度。空间模型的回归结果表明，不考虑地区之间的空间效应将会高估国有企业上游垄断对资源配置效率的直接影响；加入地区之间的空间效应后，由于相邻地区国有企业上游垄断对本地区资源配置效率也会产生作用，进一步强化了国有企业上游垄断对资源配置效率的影响。

基于上述研究结论，本书认为通过推进国有企业改革，打破上游国有企业行政垄断，能够进一步改善中国的资源配置效率，推动中国经济新一轮高质量增长。而打破国有企业上游垄断的关键在于清除政府对国有企业的行政保护。为此，需要厘清政府在市场经济体制中的作用、重新定义政府角色、明确国有企业市场定位，并加快推进要素市场化改革。

相较于已有研究，本书的创新之处主要体现在以下两个方面：

(1) 本书从中国特定的国有企业上游垄断的市场竞争结构出发，从理论和实证两方面研究其对资源配置效率的影响，据笔者检索相关文献所知，这是现有研究中的首次。已有关于资源配置效率的研究多从企业间水平竞争结构出发，考察不同类型企业在产业内的水平竞争，着重关注各类要素配置扭曲或政策扭曲对资源配置效率和社会福利的影响。虽然少数文献注意到国有企业垄断产业链上游的现象，并研究了其对经济增长、国有企业超额利润等方面的影响，但缺乏国有企业上游垄断对中国资源配置效率影响的直接研究。

(2) 本书提出了国有企业上游垄断影响资源配置效率的综合分析框架，从“直接抑制效应”“间接拖累效应”“竞争退出效应”“空间效应”等层面全面考察国有企业上游垄断对资源配置效率的影响。现有文献从国有企业本身相对较低的效率，以及国有企业对民营企业的间接拖累等层面论述了国有企业对资源配置效率和整体经济增长的影响，但却缺乏对动态和空间层面的考察。一方面，从长期的动态效果来看，国有企业上游化攀升意味着国有企业不断退出下游市场竞争，由此释放出大量的生产要素，放开了下游市场非国有企业的进入门槛，并且扫除了下游市场竞争机制有效发挥的障碍。从这一角度来看，国有企业上游垄断的市场竞争结构及其形成过程在中国资源配置效率的演进中发挥了积极影响。另一方面，各地区之间的经济变量并非相互独立，现实中各地区之间存在着广泛的经济技术联系，各地区国有企业上游垄断并非仅仅对本地区资源配置效率产生影响，还会对其他地区，尤其是空间临近地区产生影响，而其他地区资源配置效率的改变又会反作用于本地区的资源配置效率。因此，为全面考察国有企业上游垄断对资源配置效率的作用，有必要将动态因素和空间因素也纳入分析框架中来。

本书是在笔者的博士论文的基础上完成的。由于笔者水平有限，有些问题思考得可能还不够成熟，欢迎读者来信探讨、指正和交流！

魏庆文

2020 年 10 月于济南

目　录

第1章　绪论 …………………………………………………………… 1

1.1　研究背景与问题提出 …………………………………………… 1
1.2　研究意义 ………………………………………………………… 5
1.3　研究目标与研究方法 …………………………………………… 7
1.4　本书主要的创新之处 …………………………………………… 8

第2章　文献综述 ……………………………………………………… 10

2.1　国有企业上游垄断的相关研究 ………………………………… 10
2.2　国有企业效率的相关研究 ……………………………………… 17
2.3　资源配置效率的相关研究 ……………………………………… 21
2.4　国有企业上游垄断与资源配置效率关系的相关研究 ……… 25
2.5　研究评述 ………………………………………………………… 26

第3章　国有企业上游垄断影响资源配置效率的理论分析 ………… 28

3.1　国有企业上游垄断影响资源配置效率的作用机理 ………… 28
3.2　国有企业上游垄断影响资源配置效率的数理模型 ………… 32
3.3　本章小结 ………………………………………………………… 35

第4章　国有企业上游垄断程度的测算 ……………………………… 36

4.1　产业上游度的测算 ……………………………………………… 36
4.2　国有资本产业分布的变化情况 ………………………………… 42
4.3　国有企业上游度及其上游垄断势力的变化情况 …………… 50

4.4 本章小结 …… 60

第5章 中国资源配置效率水平的测算 …… 62

5.1 地区间要素配置扭曲程度的测算 …… 62
5.2 产业间要素配置扭曲程度的测算 …… 74
5.3 本章小结 …… 88

第6章 国有企业上游垄断影响资源配置效率的实证分析 …… 89

6.1 模型设定、变量说明与数据来源 …… 89
6.2 基准模型实证结果分析 …… 95
6.3 稳健性检验 …… 100
6.4 本章小结 …… 102

第7章 国有企业上游垄断影响资源配置效率的空间效应 …… 104

7.1 构建空间权重矩阵 …… 104
7.2 空间自相关检验 …… 106
7.3 空间模型设定 …… 108
7.4 空间模型实证结果分析 …… 110
7.5 本章小结 …… 117

第8章 研究结论、政策建议与未来展望 …… 118

8.1 主要研究结论 …… 118
8.2 相关政策建议 …… 120
8.3 研究不足与未来展望 …… 122

参考文献 …… 124

第1章　绪　论

1.1　研究背景与问题提出

改革开放40多年来，随着市场化改革的推进和行业准入限制的不断放开，中国的下游产品部门基本实现了自由竞争，市场配置资源的机制逐步确立。然而，上游要素部门却存在明显的国有垄断特征，主要被一些大中型国有企业把控（刘瑞明，2011；李系等，2014；钱学峰等，2019）。研究表明，国有企业垄断产业链上游阻碍了高效率非国有企业的市场进入（王永进和刘灿雷，2016），加剧了产业间收入差距（陈钊等，2010），并且对工业化进程、经济增长的质量和可持续性，以及社会整体的福利水平造成负面影响（李系等，2014；刘瑞明，2011）。

与此同时，中国的经济在经历了长达40年之久的高速增长之后，其形势已经发生了巨大的变化。一些曾经支撑中国经济增长的动力正在逐渐消退。例如，“刘易斯拐点”的到来使得国内劳动力成本大幅提升（蔡昉，2008），长期以来推动中国经济高速增长的“人口红利”可能将不复存在；过去长期推行的依靠大规模投资拉动经济增长的发展模式在资本回报率迈入递减阶段难以为继，表明传统的通过增加要素投入推动经济增长的“粗放型”经济增长方式①已经不再适应中国当前的发展。在这样的形势下，中国的经济发展如何续写前40年的辉煌，避免

① 在现有文献中，“增长模式”和“增长方式”是两个不同的概念。“增长模式”是欧美学者偏好使用的名词，而“增长方式”则更多地被苏联等社会主义国家的学者所使用。吴敬琏（2008）曾对这两个名词的差异进行过一些讨论。本书认为，这两个概念在使用中是基本等价的，“粗放型”经济增长方式基本等价于“投入驱动型”经济增长模式，而“集约型”经济增长方式则基本等价于“效率驱动型”经济增长模式。

陷入所谓的“中等收入陷阱”（middle income trap）①？特别地，在中国经济步入“新常态”的当下，如何推动经济新一轮的高质量增长？这些成为政策制定者首要关注的问题。

党的十九大报告指出，中国经济已经“由高速增长阶段转向高质量发展阶段”，正处在“转变发展方式、优化经济结构、转换增长动力”的攻关期。在这一时期，深化供给侧结构性改革，提高全要素生产率（total factor productivity，TFP）是经济发展的内在要求。通常认为，TFP包含两方面内容：一是技术水平；二是资源配置效率。当前，通过提高微观企业技术水平来推动经济增长的“集约型”经济增长方式面临着创新投入不足、创新效率低下等问题（史宇鹏和丁彦超，2010），短期内恐难实现。而通过改善劳动和资本等生产要素在不同部门间的配置效率，即使没有技术水平的进步，也可以实现产出增加和TFP水平的提升。改革开放40多年来，中国的市场经济体制逐步形成，资源配置效率大幅改善，然而由于历史和制度原因，经济运行中依然存在着阻碍生产要素自由流动的因素，使得要素市场发生扭曲，导致资源无法有效地配置到效率最高的部门，进而导致TFP和产出损失。中国要素市场的扭曲是多方面的，包括不同地区、不同产业，甚至不同所有制部门之间的扭曲。在这样一个关键时期，关于要素配置扭曲的研究将为我们寻找新的经济增长途径提供启示。要素配置扭曲，一方面表明当前在供给侧仍然处在效率不足的阶段，另一方面也启示我们进一步发掘中国经济增长潜能的途径，即通过纠正要素配置扭曲，推动要素向生产效率更高的部门转移，就能实现TFP和产出增长。

纵观中国经济改革的历程，一个主要的方向就是从计划经济体制向市场经济体制的转变，而这其中，最为突出的一个表现就是所有制结构的转变。现有文献表明，相比其他所有制企业，国有企业的效率是低下

---

① “中等收入陷阱”的概念最早由世界银行在其2006年的《东亚经济发展报告》中提出。该报告认为，发展中国家在人均GDP突破1000美元的“贫困陷阱”后，会很快步入人均GDP 1000美元到3000美元的“起飞阶段”。而当这些国家的人均GDP达到3000美元的临界点后，前期快速发展中积累的矛盾会集中爆发出来，其自身的体制机制创新也面临瓶颈。由于难以克服这些问题，很多新兴市场经济国家的经济增速在这一阶段会陷入回落甚至长期停滞，即落入所谓的“中等收入陷阱”。从历史经验来看，巴西、阿根廷等拉美国家早在20世纪70年代就进入了“起飞阶段”，但却一直没有突破“中等收入陷阱”，跻身发达国家行列。

的[①]，正因为如此，国有企业改革一直处于整个经济体制改革的核心。甚至正是由于所有制结构的转变，使得中国经济得以飞速发展（Song et al.，2011；李系等，2014）。因此，我们不禁要问，国有企业上游垄断的市场竞争结构及其形成过程在中国资源配置效率演进中起到了怎样的作用？进一步地，现阶段能否通过推进国有企业改革，打破上游国有企业垄断，进一步改善中国的资源配置效率，从而推动中国经济新一轮高质量增长？现有文献侧重考察国有企业垄断自身的效率损失，及其对整体经济的效率损失，却在很大程度上忽略了国有企业垄断产业链上游的特征事实及其对下游企业和整体经济的影响，更鲜有文献基于中国特定的国有企业上游垄断的市场竞争结构研究其对中国资源配置效率的影响。显然，这一问题的突破直接关系到改革的进一步深化和未来的经济发展，是当前亟待解决的重要研究课题。本书尝试以“国有企业上游垄断对中国资源配置效率的影响研究”为题，从理论和实证两方面研究国有企业上游垄断对中国资源配置效率的影响。

首先，本书剖析国有企业上游垄断影响资源配置效率的作用机理。一方面，国有企业由于存在代理成本、软预算约束、政策性负担等问题，其本身的效率低于非国有企业。低效率国有企业在产业链上游居于垄断地位并掌控大量的生产要素，直接降低了中国的资源配置效率（直接抑制效应）；再者，国有企业垄断产业链上游，还会通过增加下游非国有企业要素使用成本，阻碍高效率非国有企业市场进入，以及损害市场竞争机制的有效发挥，间接损害中国的资源配置效率（间接拖累效应）。而另一方面，国有企业上游化攀升意味着国有企业退出下游市场竞争，由此释放出大量的生产要素，放开了下游市场非国有企业的进入门槛，并且扫除了阻挡下游市场竞争机制有效发挥的障碍，有利于改善资源配置效率（竞争退出效应）。此外，国有企业上游垄断不但会对本地区的资源配置效率产生影响，还会通过地区间广泛而深入的经济技术联系对其他地区，尤其是空间临近地区的资源配置效率产生影响，而其他地区资源配置效率的改变又会反作用于本地区的资源配置效率（空间效应）。

其次，本书基于安特拉斯等（Antras et al.，2012）提出的测算方法，利用历年中国投入产出表测算产业上游度，并以各省份国有工业企

① 有关国有企业效率的研究综述，详见本书第2.2节。

业产业份额为权重，测算各省份国有企业上游度。研究发现，1993～2017年国有企业上游度整体上处于不断上升的趋势，国有工业企业逐步退出了下游竞争性市场，但在产业链上游仍居于主导地位（企业单位数除外）；在产业链下游，非国有企业取代国有企业居于主导地位。分地区来看，中国各地区国有企业上游度水平呈现出西、北高，东、南低的趋势，一定程度上反映了中国国有工业企业的区域投入产出关系，即西北地区国有工业企业在产业链上的位置相对靠上，主要提供中间投入品；东南地区国有工业企业在产业链上的位置更靠近下游，主要生产最终消费品。

再次，本书基于布兰特等（Brandt et al.，2013）理论模型的简化和修改，分别测算了中国地区间和产业间要素配置扭曲程度。研究发现，中国不同地区、不同产业间均存在一定程度的要素配置扭曲，地区间劳动要素配置扭曲占主导，而产业间则为资本要素配置扭曲占主导。对各地区要素配置过度或不足程度的分析发现，中西部地区要素配置相对过度，而东南及环渤海地区却相对不足，尤其是劳动要素。

最后，本书利用中国省际层面的面板数据，实证考察国有企业上游垄断对中国资源配置效率的作用方向和作用程度，并基于空间杜宾模型考察空间因素对二者关系的影响。研究发现，国有企业上游垄断对中国要素配置扭曲的影响呈倒“U”型，具体作用方向取决于正负两方面作用力的相对大小。平均来看，国有企业上游垄断程度与要素配置扭曲水平反向变动：当国有企业沿产业链向上游攀升时，由“竞争退出效应”所导致的资源配置效率的改善，大于由“直接抑制效应”和“间接拖累效应”所导致的资源配置效率的恶化，要素配置扭曲程度有所下降；而当国有企业沿产业链进入下游产业时，由“直接抑制效应”和“间接拖累效应”所导致的资源配置效率的恶化，大于由“竞争退出效应”所导致的资源配置效率的改善，要素配置扭曲程度趋于上升。并且相对而言，国有企业上游垄断对劳动要素配置扭曲的改善程度大于对资本要素配置扭曲的改善程度。空间模型的回归结果表明，不考虑地区之间的空间效应将会高估国有企业上游垄断对资源配置效率的直接影响；加入地区之间的空间效应后，由于相邻地区国有企业上游垄断对本地区资源配置效率也会产生作用，进一步强化了国有企业上游垄断对资源配置效率的影响。

1.2 研究意义

“不同所有制企业在产业链上下游所形成的非对称竞争结构”是20世纪90年代中后期国有企业改革之后中国国内市场形成的典型特征。对这一特征的研究是回答当下很多经济问题的关键。然而，除了钱学峰等（2019）以外，鲜有文章基于中国特定的国有企业上游垄断的市场竞争结构研究其对中国资源配置效率的影响。

从理论上讲，这类研究有助于帮助人们更好地理解国有企业上游垄断的市场竞争结构，及其形成过程对中国资源配置效率演进的作用机理；从实践上讲，这类研究为中国进一步深化国有企业改革和推进中国经济新一轮高质量增长提供了政策指引。这些特点决定了本书同时具有较强的理论价值和实践意义。

1.2.1 理论意义

国有企业上游垄断究竟会如何影响中国的资源配置效率？现有经济理论并未对该问题给出明确的答案。

首先，由于规模经济和范围经济的存在，垄断的确可以起到降低企业的生产成本的作用，避免了重复投资所造成的资源浪费。其次，在自由竞争的市场环境下，垄断是通过“优胜劣汰”的竞争机制所形成的。此时，垄断意味着高效率，因此可以起到改善资源配置效率的作用（Smythe and Zhao，2006）。在这个意义上说，垄断不但是无害的，反而是有益的。然而，值得注意的是，现实经济中的垄断并非都是由于企业自身效率较高所产生的，相当一部分垄断是政府对国有企业行政保护的结果。国有企业由于存在代理成本、软预算约束、政策性负担等问题，其本身的效率低于非国有企业。在这种情况下，低效率国有企业在产业链上游居于垄断地位，掌控了大量的生产要素，不但直接降低了中国的资源配置效率，还会通过增加下游非国有企业要素使用成本，阻碍高效率非国有企业市场进入，以及损害市场竞争机制的有效发挥，间接损害资源配置效率。从长期的动态效果来看，国有企业上游化攀升意味着国有企业不断退出下游市场竞争，由此释放出大量的生产要素，放开了下游市场非国有企业的进入门槛，并且扫除了阻挡下游市场竞争机制有效发挥的障碍，有利于改善中国的资源配置效率。再者，从地区间的相互作用关系来看，国有企业上游垄断不但会对本地区的资源配置效率产生影响，还会通过地区间广泛而深入的经济技术联系对其他地区，尤其是空间临近地区的资源配置效率产生影响，而其他地区资源配置效率的改变又会反作用于本地区的资源配置效率。

综上所述，对国有企业上游垄断与资源配置效率的关系不能一概而论，而应深入探讨国有企业上游垄断影响资源配置效率的作用机理，并基于规范的指标构建体系和实证研究方法测算出国有企业上游垄断对中国资源配置效率的作用方向和作用程度。唯有此，我们才能正确看待国有企业垄断产业链上游的经济现象，并提供针对性的政策建议。本书将就国有企业上游垄断对中国的资源配置效率的影响进行深入探讨。本书认为，这些探讨将是对现有理论的一些补充，因此是具有较强理论意义的。

1.2.2 实践意义

当前，随着以劳动力短缺和非熟练劳动力工资持续上涨为特征的“刘易斯拐点”的到来，以及以人口抚养比不再下降为特征的“人口红利”的逐渐减弱，中国经济正逐步由二元经济增长阶段向新古典经济增长阶段转变。在这一时期，劳动力由农业部门向工业部门转移，从而提高配置效率以带动经济高速增长的历史难以再现；与此同时，随着资本回报率迈入递减阶段，继续依靠大规模投资来拉动经济增长的方式也难以为继。在转入“新常态”的经济发展阶段，中国迫切需要转变经济发展方式，即由过去依靠廉价劳动力和大规模投资的要素驱动、投资驱动阶段，转向依靠以 TFP 提升为主要内容的创新驱动阶段。而除了企业自身的技术进步以外，资源配置效率改善是实现 TFP 增长的又一重要途径，甚至是更为重要的途径。因此，有关资源配置效率的研究将有助于我们进一步挖掘中国经济增长的潜能，进而有助于推动经济的新一轮高质量增长。

从所有制角度来看，国有企业改革一直是中国经济体制改革的核心和难点所在。在经历了40多年的探索之后，是否还应该继续进行国有企业改革，如何进行国有企业改革等问题依然是政界、学界和人民所共同关心的问题。因此，本书的理论和实证研究对于中国的国有企业改革具有一定的现实指导意义。

1.3 研究目标与研究方法

1.3.1 研究目标

本书的研究目标是探索国有企业上游垄断的市场竞争结构及其形成过程在中国资源配置效率演进中所起的作用。本书的研究基于对事实的观察与提炼。从基本的事实观察出发，一方面，20世纪90年代中后期，国有企业改革以来，国有企业逐步退出下游竞争性市场，其在产业链上的位置不断攀升，并通过不断地兼并、重组，最终牢牢占据产业链上游，居于垄断地位。另一方面，在国有企业改革的进程中，国有企业不断退出下游竞争市场，释放了大量的生产资源和市场空间，下游非国有企业获得了空前的发展机会，由此带动了中国资源配置效率的提升和经济的高速增长。然而，国有企业在产业链上游的垄断势力不断增强，对中国资源配置效率的改善和经济的进一步增长产生了阻碍。这一结构特征在中国劳动力成本较低、人口红利尚未消失殆尽，以及国际经济环境宽松、外部市场需求旺盛的时期尚可持续。然而2008年国际金融危机以后，外部需求恶化，国内劳动成本大幅增加，非国有企业尤其是民营企业的经营环境日趋严峻，经济下行趋势明显。在这一时期，研究国有企业上游垄断对中国资源配置效率的影响，为进一步深化国有企业改革提出针对性政策建议，是当前亟待解决的重要研究课题。

1.3.2 研究方法

鉴于研究目的，本书综合应用了历史归纳、逻辑演绎、实证研究和规范研究等多种研究方法。总的来说，本书通过历史归纳法抽象出研究主题，使用逻辑演绎法进行推理论证，利用实证研究法考察经济问题，并从规范研究的角度提出相应的规制方案。具体来说，首先，本书从对中国经济特征事实的描述出发，通过历史归纳的方法抽象出本书的研究主题。例如，从国有企业上游垄断的特征出发抽象出研究主题，分析它影响资源配置效率演进背后的逻辑机制。其次，本书使用逻辑演绎法进行推理论证。一方面，本书通过对现有理论、文献的梳理，力图在散乱的特征事实之间搭建逻辑的桥梁；另一方面，本书根据事实观察抽象出合理的假设，建立数理模型推导出一般性的命题和假说，以解释所观察到的特征事实。再次，本书利用搜集到的中国省级层面的面板数据对理论假说予以验证，在控制了其他变量的影响和模型可能存在的内生性等问题后，详细考察了经验证据是否验证了理论假说。最后，本书从社会整体福利最大化的角度出发，分析研究所得出的结论，探索什么样的路径可以增进社会整体的福利水平，并给出相应的政策建议。

1.4 本书主要的创新之处

相较于已有研究，本书的创新之处主要体现在以下两个方面：

（1）本书从中国特定的国有企业上游垄断的市场竞争结构出发，从理论和实证两方面研究其对资源配置效率的影响，据笔者检索相关文献所知，这是现有研究中的首次。已有关于资源配置效率的研究多从企业间水平竞争结构出发，考察不同类型企业在产业内的水平竞争，着重关注各类要素配置扭曲或政策扭曲因素对资源配置效率和社会福利的影响（Hsieh and Klenow，2009；Song et al.，2011）。虽然少数文献注意到国有企业垄断产业链上游的现象，并研究了其对经济增长（王永进和刘灿雷，2016）、国有企业超额利润（刘瑞明，2011；李系等，2014）等方面的影响，但缺乏国有企业上游垄断对中国资源配置效率影响的直接研究。钱学峰等（2019）通过构建上游国有企业为寡头垄断，下游民营企业为垄断竞争的垂直结构模型，并将“交互补贴”的产业政策嵌入垂直结构模型中，从下游企业进入数量的角度，考察“垂直结构”和“交互补贴”的产业政策对资源配置效率的影响，但缺乏实证数据的支持与验证。

（2）本书提出了国有企业上游垄断影响资源配置效率的综合分析框架，从“直接抑制效应”“间接拖累效应”“竞争退出效应”“空间效应”等层面全面考察国有企业上游垄断对资源配置效率的影响。现有文献从国有企业本身相对较低的效率，以及国有企业对民营企业的间接拖累等层面论述了国有企业对资源配置效率和整体经济增长的影响（刘小玄，2000；刘瑞明和石磊，2010），但却缺乏对动态和空间层面的考察。一方面，从长期的动态效果来看，国有企业上游化攀升意味着国有企业不断退出下游市场竞争，由此释放出大量的生产要素，放开了下游市场非国有企业的进入门槛，并且扫除了阻挡下游市场竞争机制有效发挥的障碍。从这一角度来看，国有企业上游垄断的市场竞争结构及其形成过程在中国资源配置效率的演进中发挥了积极影响。另一方面，各地区之间的经济变量并非相互独立，现实中各地区之间存在着广泛的经济技术联系，各地区国有企业上游垄断并非仅仅对本地区资源配置效率产生影响，还会对其他地区，尤其是空间临近地区产生影响，而其他地区资源配置效率的改变又会反作用于本地区的资源配置效率。因此，为全面考察国有企业上游垄断对资源配置效率的作用，有必要将动态因素和空间因素也纳入分析框架中来。

第2章 文献综述

2.1 国有企业上游垄断的相关研究

2.1.1 国有企业上游垄断的概念和成因

所谓国有企业上游垄断（SOEs' upstream monopoly），指的是国有企业垄断上游产业的经济现象。随着对国有企业的研究向纵深推进，部分学者开始关注当前国有企业垄断上游产业、非国有企业主导下游产业的经济现象，他们针对这一现象，在理论方面进行了研究。刘瑞明（2011）认为随着改革的不断推进，中国的下游产品市场基本实现了竞争，民营企业凭借其较强的竞争力，在下游市场居于主导地位。但是在石油、电力、电信、金融等一部分上游市场，仍然由少数大中型国有企业维持着明显的垄断或寡头垄断。他将这种“民营企业主导下游市场竞争、大中型国有企业主导部分上游市场垄断”的市场竞争结构称为不同所有制企业的“非对称竞争”（asymmetric competition）。李系等（2014）认为20世纪90年代中后期国有企业改革以后，中国国内市场逐步形成了“国有企业垄断关键上游产业，而下游产业允许自由竞争且对民营企业开放”的“垂直结构”（vertical structure）特征。他们从这种“垂直结构”出发，研究上游国有企业如何在结构转型和全球化过程中从开放的下游产业中获取垄断租金。类似的，钱学峰等（2019）构建“上游国有企业为多寡头，下游民营企业为垄断竞争”的垂直结构模型，研究其对中国资源配置和社会福利的影响。

国有企业垄断上游产业的市场竞争结构是如何形成的？李系等（2014）从历史观察出发，认为在20世纪90年代，随着中央政府“抓大放小”的国有企业改革政策的确立，国有企业民营化得以大规模开展。政府维持对产业链上游战略性产业的500～1000个国有企业的控制，并赋予其垄断地位，同时在产业链下游放开竞争。经过这一轮国有企业改革，大型国有企业巩固了其在产业链上游的垄断地位，并通过兼并重组等手段壮大自身垄断势力。由于上游产业基本上属于不可贸易或受到政府严格管制的产业部门，所以中国加入WTO并未使上游垄断国有企业受到外来竞争的严重影响。相反，产业链下游大多是典型的可贸易产业，并且相当一部分对外资开放，因此下游产业的竞争日益激烈，而上游国有企业的垄断地位却得到了保护和强化。另外，刘瑞明（2011）的研究也认为，2003年以后，新成立的国有资产监督管理委员会对产业链上游的国有企业进行了兼并和重组，使得上游产业中单个国有企业的市场份额得以扩大，从而强化了产业链上游国有企业的垄断势力。

部分学者构建数理模型推导国有企业垄断产业链上游的内生形成机制。李系等（2014）通过构建一个包含结构转型和“垂直结构”的一般均衡模型证明：当非国有企业与国有企业的生产率之比足够大时，上游国有企业从下游产业自由化进程中所获得的收益大于所遭受的损失。因此，利润最大化意味着自由化所有下游产业。李系等（2014）的模型提出了“垂直结构”的内生形成机制。刘瑞明（2011）将所有制结构嵌入纵向市场一体化模型，推导得出国有企业盈利的条件，即国有企业与非国有企业的成本之差要小于垄断加成定价。刘瑞明（2011）进一步从历史观察出发，认为在20世纪90年代，随着市场化改革的推进，下游产品市场中非国有企业数目迅速增加，市场竞争加剧，国有企业与非国有企业的成本之差大于垄断加成定价，国有企业能够继续盈利和生存的条件无法满足，从而导致了下游国有企业的大面积亏损和退出。而政府对上游要素市场中的国有企业进行了兼并重组，并限制非国有企业进入，从而使得国有企业在产业链上游获得垄断地位。

2.1.2 国有企业上游垄断经济影响研究

关于国有企业上游垄断的经济影响，学者们从社会福利、产品质量、结构转型、经济增长、企业出口、企业创新等多个方面进行了研究。

刘瑞明（2011）构建上游要素市场为国有企业垄断、下游产品市场竞争的纵向市场一体化模型，发现维持上游要素市场国有企业的垄断地位，不仅限制了非国有企业的市场进入，阻碍上游产业的竞争和效率的提高，还通过上下游产业之间的关联增加了下游产业投入成本，进一步阻碍非国有企业的发展。国有企业上游垄断总体上损害了社会福利，带来了高昂的社会成本。因此，进一步放开上游要素市场进入、降低上游要素市场垄断加成能力、提高上游要素市场供给、降低中间产品价格，是促进非国有企业发展和提升消费者福利的关键。

王永进和施炳展（2014）通过构建理论模型，剖析上游垄断对下游产品质量的影响渠道，从理论和实证两方面考察上游垄断对下游产品质量的影响。分析表明，并非所有的垄断都能够促进下游产品质量的提升，由市场经济“优胜劣汰”机制所产生的垄断意味着较高的生产效率和中间投入品质量，从而能够促进下游产品质量的提升；而由政府保护所形成的上游垄断却明显不利于下游产品的质量升级，并且这一负面作用会随着下游产业竞争的加剧而进一步强化。

李系等（2014）通过其“垂直结构”模型，论述了上游国有企业在结构转型（工业化）和贸易全球化过程中，如何通过下游高效率非国有企业的进入和扩张攫取垄断利润。李系等（2014）认为国有企业所谓的高利润并不是高效率的表现，而是中国市场化改革不彻底所带来的垄断利润，这种国有企业垄断上游产业的市场竞争结构扭曲了要素的相对价格，阻碍了工业化进程，不利于经济的增长，并降低了社会福利水平。不但如此，随着劳动力成本的上升，下游产品的国际竞争力减弱、下游非国有企业的生存空间将大幅缩减，并最终损害上游国有企业的利润和整体经济的增长。

李胜旗和毛其淋（2017）利用中国工业企业数据库和海关贸易数据库，系统研究中国内部的产业结构对中国制造业企业出口国内附加值的影响和作用机制。结果表明，上游垄断明显不利于下游制造业企业出口国内附加值的提升，且其对内资企业出口国内附加值的抑制作用显著高于外资企业，对一般贸易企业出口国内附加值的抑制作用显著高于加工贸易企业，并认为降低成本加成和弱化研发创新可能是上游垄断降低下游制造业企业出口国内附加值的作用渠道。此外，李胜旗和毛其淋（2017）基于中国加入世界贸易组织后大规模减免关税这一事实，进一步检验中间品贸易自由化对上游垄断和下游制造业企业出口国内附加值关系的调节作用，发现中间品贸易自由化不但可以直接提高制造业企业出口国内附加值，而且还通过缓解上游垄断对下游制造业企业出口国内附加值的抑制作用，间接提升制造业企业出口国内附加值。

郭树龙等（2019）利用中国工业企业数据库，研究上游垄断对下游企业创新的影响和作用机制，认为国有企业上游垄断阻碍了下游非国有企业进入上游市场，并对下游非国有企业通过纵向一体化打破上游垄断施加限制。进一步，上游国有垄断企业通过其所掌控的原材料和中间投入品，抬高下游企业经营成本，从而不利于下游企业创新。特别地，上游垄断对下游国有企业、外资企业和大中型企业创新的抑制作用有限，却显著抑制了下游民营企业和小企业创新。不过，在开放市场环境下，下游企业也可以通过进口中间品打破上游市场垄断，从而缓解上游垄断对其创新的抑制作用。

2.1.3 国有企业上游垄断性质：自然垄断还是行政垄断

在考察国有企业上游垄断的经济影响时，一个需要注意的问题是，国有企业上游垄断的性质究竟是行政垄断还是自然垄断？如果国有企业上游垄断是自然垄断，那么垄断所导致的低效率的问题，即使由非国有企业来经营也一样会产生，国有企业仅仅是充当了放大器的作用而已。所以，要想考察国有企业上游垄断的经济影响，首先要对国有企业上游垄断的性质进行判定。

所谓自然垄断（natural monopoly），是指由于存在着资源稀缺性、规模经济性[①]、范围经济性[②]，以及包含这些因素的成本次可

① 规模经济（economies of scale）是指在一定的生产技术水平上，随着规模的扩大（产出增加），平均成本逐步下降。一个产业的生产技术具有规模经济性意味着只有一家企业进行生产可以使成本降到最低。

② 范围经济（economies of scope）是指由厂商的生产范围而非规模带来的经济，当同时生产两种或多种产品的成本低于分别生产每种产品时，就存在范围经济。

加性①，使得单一产品和服务的生产商，或同时提供多种产品和服务的生产商联合起来形成一家企业或少数几家企业的概率很高——经济学家把这种由于生产技术因素或特别经济因素而形成的垄断称为“自然垄断”或“自然寡头垄断”②。而行政垄断（administrative monopoly）是政府运用其行政权力对市场竞争进行限制、排斥的状态或行为。不同于自然垄断，行政垄断具有以政府为垄断主体、以行政权力为垄断保障等特征，并且行政垄断往往具有强制性，其垄断目标也具有多重性，即可能是公众或社会利益、国家或地方财政收入，也可能是某些产业的利益，甚至可能是少数人的利益③。

关于中国国有企业垄断的性质，不同学者的判断并不一致。一部分学者认为中国国有经济垄断以自然垄断为主。黄昕和平新乔（2020）借鉴新贸易理论对内生价格加成的测算方法，加入产权异质性，构建了一个“两国非对称多部门三层嵌套 CES 生产函数模型”，并运用校准法（calibration）估算相关参数，通过分析校准得到的企业、产权和产业层面的替代弹性参数判断中国国有经济的垄断性质。研究发现，相比产业层面的替代弹性，产权层面的替代弹性更接近企业层面的替代弹性。黄昕和平新乔（2020）据此判断，尽管中国国有经济存在一定程度的行政垄断，但行政垄断指标要小于自然垄断指标，说明中国国有经济的垄断主要表现为自然垄断而非行政垄断。

另一部分学者认为中国国有经济的垄断主要表现为行政垄断而非自然垄断。刘瑞明（2011）通过构建“上游市场垄断、下游市场竞争”的非对称竞争模型，分析指出那些处于要素垄断地位的大中型国有企业的巨额利润是行政垄断的结果，而非国有企业的高效率。褚敏和靳涛（2013）认为中国国有企业的垄断更多表现为政府垄断或政府授权的垄

① 成本次可加性（cost subadditivity，或译为成本弱增性）可用成本函数 C(·) 来定义：对于任意的产出向量 y^1，y^2，…，y^n，$0 < y^i < y$，其中 $y = \sum_{i=1}^{n} y^i$，若有 $C(y) < \sum_{i=1}^{n} C(y^i)$ 成立，则称成本函数 C(·) 具有严格次可加性。一个产业的成本函数具有次可加性意味着该产业集中生产比分散生产更节约成本。根据鲍莫尔等（Baumol et al.，1982）的研究，若一个产业的成本函数满足成本次可加性，则该产业为自然垄断产业。根据成本可次加性程度的高低，自然垄断可进一步分为强自然垄断和弱自然垄断。

② ［日］植草益．微观规制经济学［M］．北京：中国发展出版社，1992：41.

③ 王俊豪，王建明．中国垄断性产业的行政垄断及其管制政策［J］．中国工业经济，2007，25（12）：30－31.

断，即行政垄断。不同于一般的自然垄断，行政垄断除了依靠垄断高价获取垄断利润以外，还依靠政府垄断的低价要素，把资源要素的租金变为国有垄断企业的利润。就垄断对城乡收入差距扩大的影响而言，国有企业垄断本身对扩大城乡收入差距的影响并不显著，而国有企业和政府行政权力的结合即行政垄断却显著扩大了中国的城乡收入差距。陈林和刘小玄（2014）基于“成本可次加性”的现代自然垄断理论的测算方法，运用超越对数成本函数模型和似不相关回归方法测算中国7个重化工业产业的自然垄断属性。研究发现，中国航空航天器制造业属于典型的自然垄断产业，而船舶、汽车、铁路运输设备、钢铁、农药、石油化工等当前受到政府严格规制的重化工业产业并非自然垄断。与陈林和刘小玄（2014）相一致，王永进和刘灿雷（2016）对中国制造业部门中国有资本份额大于50%的产业进行自然垄断属性测算，研究结果表明仅航空航天器制造业属于自然垄断产业，国有企业垄断主要特征表现为行政垄断。

还有一部分学者认为国有经济垄断既有自然垄断，也有行政垄断，不能一概而论。王俊豪和王建明（2007）认为中国很多垄断性产业除了存在自然垄断以外，还同时存在行政垄断，中国垄断性产业的垄断具有二元性。自然垄断性产业的自然垄断主要限于“网络性”业务，而其他业务则属于竞争性业务，竞争性业务的垄断经营主要依靠的是政府的行政权力，即行政垄断。但不管自然垄断业务，还是竞争性业务，只要存在政府施加的行政约束，那么行政垄断就实际存在。冯飞等（2013）认为石油和天然气产业的运输管线，铁路产业的路轨网络，电信产业的电信、电话和宽带网络，以及电力产业的输配电网等属于具有网络特性的自然垄断环节，而石油和天然气产业的勘探、销售业务，铁路产业的运输业务，电信产业的移动电话、电视网络、互联网和增值业务，以及电力产业的发电、售电业务等属于可竞争的非自然垄断环节。

2.1.4 国有企业上游垄断的必要性探讨

尽管在理论层面自然垄断和行政垄断是不同的两个概念，有不同的表现和特征，是可以进行区分的。但是在现实生活中，自然垄断和行政垄断往往交织在一起：自然垄断为行政垄断提供了必要性，而行政垄断又反过来强化了自然垄断。实践中所表现出的这种自然垄断和行政垄断纠缠不清的状况，本质上还是对理论本身的认识不够清楚。因此，对自然垄断理论进行梳理，一方面有助于区分国有企业上游垄断的性质，另一方面也有助于分辨国有企业上游垄断的必要性。

早期的西方经济学界将规模经济等同为自然垄断。中国的产业监管机构一直沿用这一裁判原则，强调自然垄断的规模经济特性，进而，为了保护企业的规模经营，需要用行政权力限制自然垄断产业的市场进入（王学庆，2003）。然而，政府的行政保护限制了市场竞争，降低了在位企业提高生产效率、缩减成本的动力，从而带来了效率损失和社会公平问题。20 世纪 80 年代以来，潘扎尔和威利格（Panzar and Willing, 1981），以及鲍莫尔等（Baumol et al.，1982）发展了现代自然垄断理论，他们对传统的自然垄断理论加以批判，认为规模经济不能等同于自然垄断，判定自然垄断的唯一条件是“成本次可加性”，而自然垄断产业也不一定需要政府保护。根据鲍莫尔等（1982）提出的可竞争市场理论（the theory of contestable markets），包括自然垄断在内的高集中度市场结构的效率实现，无须众多竞争企业的存在，只要不存在特别的进出市场成本，潜在的竞争压力就会迫使任何市场结构条件下的企业采取竞争行为。按照可竞争市场理论，即使是自然垄断也没必要进行政府规制，反而要避免一切人为的进入和退出壁垒。自此，西方国家对自然垄断产业的规制政策发生了根本性变革，政府在自然垄断产业的判定以及市场准入壁垒的设置等方面都变得极为谨慎，规模经济甚至自然垄断都不意味着一定需要人为地设置进入壁垒。

自然垄断理论发展到今天，学术界对自然垄断的认识已经发生了根本性变革。第一，自然垄断本身是市场竞争的结果。自然垄断企业垄断地位的获得不是依赖政府对竞争的排斥，而是基于其自身的高效率，使得它们在激烈的市场竞争中得以存活。自然垄断企业的“自然”性意味着在开放竞争的环境下依然能够保持竞争优势。而任何依赖政府人为地排斥竞争形成的所谓“自然垄断”，其在本质上依然属于行政垄断。第二，自然垄断理论从来没有主张必须是国有企业才能从事该种生产，无论是规模经济性、范围经济性，还是成本次可加性，都对企业所有制没有任何要求，无论何种类型的企业进入该类产业都有可能达到最低成本。因此，中国的产业经济学界一直致力于呼吁政府放松对所谓的规模经济产业和自然垄断产业的规制，避免设置过度的市场进入壁垒（罗云辉和夏大慰，2003；王俊豪和王建明，2007；陈林和刘小玄，2014）。

接下来一个密切相关的问题是，既然自然垄断理论本身并不排斥竞争的进入，为何改革开放40年后的今天，在产业链上游依然没有引入竞争？这一方面是由于理论认识存在误区，另一方面是由于现实中存在既得利益者的阻挠。众多研究表明，如果在产业链上游放开竞争，那么上游垄断国有企业的超额利润就会减少甚至消失（刘瑞明，2011；李系等，2014）。作为既得利益者，这些垄断国有企业不但不会主动退出和放开竞争，反而会千方百计地阻挠改革进程。邓伟和于建国（2008）在分析国有企业垄断性增强的原因时指出，当国有企业陆续从下游竞争性产业退出后，在剩下的基础性和资源型等上游产业，国有企业却在产业政策的保护下表现出越来越强的垄断趋势。他们运用共同代理模型分析这种产业政策的形成原因，认为政府在制定政策的过程中需要平衡各个产业利益集团的利益，当国有企业逐步从产业链下游退出时，剩余的国有企业越来越缺少竞争对手的掣肘，从而越来越能够左右政府的政策以谋取自身的利益。

2.2 国有企业效率的相关研究

与国有企业上游垄断对中国资源配置效率影响紧密相关的一个研究课题是有关国有企业效率的研究。原因在于，如果国有企业效率相对于非国有企业并无显著差异，那么企业所有制对中国资源配置效率的影响微乎其微，本书只考察上游垄断对资源配置效率的影响即可。但是，如果国有企业和非国有企业效率存在显著差异，那么本书在研究上游垄断对中国资源配置效率的影响时，必须要考虑企业所有制的影响。参考刘瑞明（2013）的研究，本节从微观和宏观两个层面对国有企业效率进行综述。

2.2.1 国有企业微观效率的相关研究

现有文献从多个方面对国有企业微观效率进行研究。尽管在细节方面存在争论，但是现有文献普遍认为：国有企业微观效率在所有企业中是最差的。总的来说，已有针对国有企业效率的研究，大多从所有制比较、代理成本和全要素生产率等三个方面进行研究。

部分学者通过所有制对比来检验国有企业效率。例如，姚洋（1998）从1995年中国第三次工业普查数据中抽取12个大类产业中的14670个企业样本，利用随机前沿生产函数法估算12个大类产业的生产函数，并利用所估算的生产函数计算企业层面的技术效率。研究发现，相比国有企业，集体企业、港澳台商企业、外资企业、私营企业的技术效率分别高22%、33%、39%、57%。类似地，刘小玄（2000）从1995年中国工业普查数据全部75万家企业中，选出20余个产业的约17万个满足竞争性要求的企业进行了效率测算和分类对比。结果表明，国有企业在所有类型企业中效率最低。张等（Zhang et al.，2001）利用上市公司数据研究国有股权对企业绩效的影响。他们通过对中国26个产业1838个企业1996～1998年的面板数据分析发现，国有企业绩效在所有类型企业中表现较差，在控制资本结构、税收和福利等政策性负担以后依然如此，他们进一步将国有企业对财务绩效的负效应归结为“软信贷”效应。孙和唐（Sun and Tang，2003）通过对1994～1998年634家上市国有企业数据的实证分析，发现国有股份对上市公司绩效有负向影响。田利辉（2005）、夏立军和方铁强（2005）、魏和瓦蕾拉（Wei and Varela，2003）等的研究也得出了类似的研究结论。

代理成本是考察国有企业效率的另一个重要研究视角。根据周和王（Wang and Zhou，2000）的界定，代理成本可以看成是企业由所有者自己经营时与由代理人经营时的利润差额。平新乔等（2003）利用2002年国有企业改制调查中的激励工资数据，对国有企业代理成本的规模和原因进行研究。研究表明，如果消除国有企业的代理成本，国有企业利润还可提升60%～70%。模拟结果表明，出售、租赁或租售国有企业可以使国有企业利润增加约20%。李寿喜（2007）以电子电器产业为例研究产权、代理成本对代理效率的影响。结果表明，各产权类型企业代理成本从高到低依次是国有产权企业、混合产权企业和个人产权企业，而且国有产权企业与混合产权企业代理成本的差异较混合产权企业与个人产权企业的差异更大。但是随着市场竞争程度的提高，各产权类型企业的代理成本都表现出降低的趋势，代理效率则相应提升。对于国有企业代理成本高的原因，张维迎等（1995）认为国有企业的“委托—代理”层次对国有企业效率有负向影响，国有企业代理成本高是由于其庞杂冗长的委托代理层次。

另有一部分学者对国有企业的TFP增长进行研究，以期通过对国有企业TFP的测度来考察国有企业效率。但是，由于在数据选择和数据处理、生产函数选择、估计方法等方面存在差异，学者们对国有企业TFP的测算结果并不一致。根据塞奇斯和胡（Sachs and Hu，2001）的划分，学者们对国有企业TFP的测算结果可以分成三类。第一类研究认为国有企业TFP增长率较高。例如，陈等（Chen et al.，1988）分别利用Cobb－Douglas生产函数和超越对数生产函数对1953～1985年中国国有企业TFP增长率进行测算。研究表明，1953～1985年中国国有企业TFP年均增长1.9%～2.8%。其中1978年改革开放之前，国有企业TFP年均增长0.4%～1.4%，1978年以后则提高到4.8%～5.9%。杰斐逊等（Jefferson et al.，1992，1996）对改革开放后中国国有企业TFP的测算结果表明，1980～1988年中国国有企业TFP年均增长率约为2.4%，1980～1992年中国国有企业TFP年均增长率则进一步提高到2.5%。第二类研究认为中国国有企业的TFP基本没有增长，甚至是有所恶化。胡等（1994）利用中国300家大中型企业1984～1988年的数据发现，国有企业TFP基本无增长。胡等（1994）认为杰斐逊等（1992）的测算高估了中间投入品的价格，而且没有剔除非生产性投入，因此他们对中国国有企业TFP增长率的测算存在高估。第三类研究介于两者之间，认为20世纪80年代中期以后国有企业TFP增速有所放缓。例如，吴和吴（Wu and Wu，1994）的研究表明，TFP增长率在1979～1984年间为正，1985年以后则基本无增长。类似地，珀金斯等（Perkins et al.，1993）的研究发现，若1981年的TFP水平为100，则1985年的TFP为104，而1989年则下降到81。杰斐逊等（1996）的研究也发现，国有企业TFP在20世纪80年代末有所下降。总的来说，尽管学者们对国有企业TFP是否增长以及增长的幅度大小有争议，但一个基本的共识是，国有企业 TFP 增长率在所有类型企业中是最低的。例如，罗（Lo，1999）基于 Cobb – Douglas 生产函数，利用 1980 ~ 1995 年数据比较了国有企业和乡镇企业的 TFP 增长率，研究发现国有企业的 TFP 增长率低于乡镇企业。其中，国有与大中型企业的 TFP 增长率要高于国有企业 TFP 增长率的平均水平，但依然低于乡镇企业的 TFP 增长率。

2.2.2 国有企业宏观效率的相关研究

上述文献从微观层面研究国有企业效率，那么，从宏观层面来看，国有企业是否有可能是高效率的呢？对此，刘元春（2001a）认为，在充满“次优问题”的现实世界中，不能仅仅基于微观效率来判断国有企业。相比微观效率，国有企业的宏观效率定位具有更重要的战略意义，以往基于新古典分析框架对国有企业所作出的非效率的判断忽略了对国有企业宏观效率的考量。他认为，在实行后赶超战略的社会主义市场经济中，国有企业可以作为克服“市场失灵”和“政府失灵”的制度安排，成为“技术模仿、扩散和赶超中心”、成为“宏观经济稳定器”，以及成为过渡时期的“社会福利提供者”，因而在宏观层面是有效的。在他的另一篇文章中，刘元春（2001b）进一步指出，由于国有企业所承担的这些功能，其效率必然表现出“从微观竞争和财务绩效的角度来看是非效率的，但是从国有企业对宏观经济的影响来看是有效率的”的“悖论”。针对刘元春的观点，杨天宇（2002）提出质疑，认为刘元春的论点存在以下两个问题：第一，国有企业是否真的能够起到上述功能；第二，即便国有企业具有上述功能，那么如果从社会整体来看国有企业的上述功能是得不偿失的，那么就不能说国有企业在宏观上是有效率。通过对宏观数据进行分析，杨天宇（2002）甚至得出了与刘元春（2001a）完全相反的结论，认为国有企业在宏观层面是无效率的。

然而，无论是刘元春（2001a，2001b），还是杨天宇（2002），他们都没能在实证层面提供充足的证据。针对这一问题，部分学者对国有资本与经济增长的关系进行了实证检验，发现国有资本对经济增长存在显著的负向影响。例如，林（Lin，2000）以国有企业投资额占全社会固定资产投资额的比重来衡量国有企业规模，实证检验其对经济增长的影响，结果表明，1983 ~ 1996 年，国有企业规模对经济增长存在显著的负向影响。分段检验的结果表明，国有企业规模对经济增长的影响在1983～1990年和1990～1996年这两个时间段内都为负。菲利普和沈（Phillips and Shen，2005）对中国省际层面面板数据的实证结果表明，国有企业规模显著恶化了省际经济增长率，当年工业总产出中，国有企业比重每下降10%可使次年经济增长率提升0.7%～1.2%，与此同时，国有企业就业比重每下降10%可使经济增长率提升1.6%～2.3%。事实上，国有企业不仅通过自身的效率损失对经济增长产生负向影响，还会通过阻碍非国有企业发展，间接损害经济增长。对此，刘瑞明和石磊（2010）利用中国1985～2004年省级层面面板数据的研究指出，由于软预算约束的存在，国有企业对整体经济增长和民营企业发展都存在显著的负向影响。

2.3 资源配置效率的相关研究

2.3.1 资源配置效率的衡量标准

资源配置的理想状态是达到资源的“有效配置”（efficient allocation)。资源“有效配置”的经济学含义是指从社会整体的角度来看，能够使有限的资源获得最大产出的配置状态，即达到生产的帕累托最优[①]。而对资源有效配置状态的偏离则被称为资源的“错配”（misallocation)。现实生活中由于存在种种阻碍劳动、资本等生产要素合理配置的因素，因此资源的有效配置是很难达到的，而资源的错配却普遍存在。因此本书以资源的错配程度来衡量资源配置的效率水平。

从技术层面来看，存在两种不同形式的资源“错配”：一种被称为“内涵型错配”（misallocation on the intensive margin)，而另一种被称为“外延型错配”（misallocation on the extensive margin)。所谓的内涵型错配是指相同生产要素的边际报酬在截面上不一致（Hsieh and Klenow，2009)。假定所有企业的生产技术都为凸，则资源的有效配置是指相同

① 本书只对生产层面的效率进行研究，因此不涉及消费层面的配置效率。

生产要素在任何一个企业的边际产出都相等，否则总是存在通过重新配置生产要素来纠正资源“错配”以提高产出的帕累托改进。而所谓的外延型错配则是指，即使相同生产要素在任何一个企业的边际产出都相等，仍然存在通过重新配置生产要素来提高产出的情形。班纳吉和莫尔（2010）提出了存在外延型错配的两种情形。一种是存在企业生产技术非凸，即企业的生产技术是规模报酬递增的，此时将所有生产要素都集中到一家企业中组织生产能够达到生产的帕累托最优，而继续以等边际原则在不同企业间配置生产要素反而不能达到产出最大，但是这种情况在现实社会中非常罕见。另一种是存在生产效率更高的潜在进入企业。当存在进入壁垒时，即使所有在位企业生产要素的边际产出都相等，也不意味着实现了资源的最优配置。此时，若将一部分在位企业的资源转移给效率更高的潜在进入企业来使用，就能够提高整体经济的资源配置效率。

2.3.2 国外关于资源配置效率的相关研究

国外学者针对资源配置效率的测度和影响因素进行了广泛而深入的研究。

在资源配置效率的测度方面，雷斯图恰和罗杰森（Restuccia and Rogerson，2008）基于霍本海恩（Hopenhayn，1992）的异质性企业模型，提出用于测算不同形式扭曲所致 TFP 和产出损失程度的核算框架，并使用美国的数据进行校准，结果显示，若对生产率排名前 50% 的企业征收 40% 的扭曲税，并对生产率排名后 50% 的企业给予 40% 的税收补贴，则 TFP 和总产出水平将降低 31%。谢和克洛诺（Hsieh and Klenow，2009）使用实际的微观制造业企业的数据定量研究中国和印度相对于美国的要素配置扭曲程度，结果显示，如果完全消除扭曲，中国和印度的 TFP 将分别提高 86.6% ~115.1% 和 100.4% ~127.5%；即使无法完全消除扭曲，仅仅将要素配置扭曲程度降低到美国的水平，则中国和印度的 TFP 水平也可分别提升 30.5% ~50.5% 和 40.2% ~59.2%。布兰特等（2013）对 1985 ~2007 年中国非农部门劳动和资本要素扭曲所造成的 TFP 损失进行了研究，发现 20 世纪 90 年代中期以后中国资源错配快速增加主要是由于地区内国有和非国有企业之间在使用资本要素配置上的扭曲。他们认为这是政府以牺牲高效率非国有部门利益为代价，对国有部门投资过度鼓励的结果。阿达莫普洛斯塔索等（Adamopoulas et al.，2017）针对1993~2002年中国农村土地市场的研究发现，由于“家庭联产承包责任制”对土地所有权和使用权的限定，土地资源并不能和农户的生产效率相匹配，而如果消除这一扭曲，那么可以使农业的生产效率提高1.84倍，其中60%的效率提高来源于土地在同一村庄内不同农户间的重新配置。

至于要素配置扭曲的成因，相关学者分别从政府规制（Hopenhayn and Rogerson，1993；Peek and Rosengern，2005；Yang，2011）、企业所有制（Song et al.，2011；Brandt et al.，2013）、贸易政策（Caliendo and Parro，2015；Khandelwal et al.，2013）、金融市场扭曲（Buera et al.，2011；Greenwood et al.，2013；Moll，2014；David et al.，2016）等方面进行了研究。例如，布埃拉等（2011）的理论研究表明，金融市场的摩擦不但会对现有在位企业的资本配置扭曲产生影响，而且还对企业家潜在的创新行为产生了负向影响。因此，各地区TFP水平和产出差异的相当一部分可以由地区之间金融发展水平的差异来解释。杨（2011）的研究结果也表明，政府对部分企业的政策倾斜不但导致资源配置在截面上的低效率，也会影响优胜劣汰的市场机制的进行，政府不恰当的产业政策同时产生了内涵型和外延型错配。通过对印度尼西亚的企业数据的研究，杨（2011）发现政府不恰当的产业政策产生的要素配置扭曲所导致的产出损失约占总产出的40%，其中主要是由外延型错配所导致的。

2.3.3 国内关于资源配置效率的相关研究

作为转型中的发展中国家，中国存在很多独特的扭曲，如政府对出口企业的补贴，金融信贷对大型国有企业的倾斜，劳动力市场扭曲，土地、矿产资源价格的扭曲等。因此中国的资源配置效率远低于欧美等成熟的市场经济国家。目前，有越来越多的国内学者开始关注中国的资源配置效率，以下是一些代表性的研究成果。

陈永伟和胡伟民（2011）把对资源错配和效率损失的探讨与瑟金（1986）的增长核算框架结合起来，构建了测算要素配置扭曲所致TFP

和产出损失的核算框架，并应用该框架对中国制造业内部各子产业之间的要素配置扭曲程度进行了定量测算。研究发现，中国制造业内部各子产业间的要素配置扭曲导致了大约15%的产出缺口。

聂辉华和贾瑞雪（2011）利用1999～2007年中国制造业企业数据，采用Olley－Pakes方法测算企业TFP，并通过对TFP离散程度的测算和分解研究中国制造业部门的要素配置扭曲程度。研究表明，国有企业是导致要素配置扭曲的主要原因，企业的进入退出对TFP增进并无显著影响，而产业内部资源的重新配置对TFP的贡献也基本为0。对各个地区要素配置扭曲和TFP的比较表明，市场经济越发达的地区要素配置扭曲程度越低，TFP水平越高，并且不同地区的要素配置扭曲程度和TFP水平表现出明显的收敛趋势。

龚关和胡关亮（2013）在谢和克洛诺（2009）的基础上，放松规模报酬不变的假设，并利用1998～2007年中国制造业企业的微观数据，测算了要素配置扭曲所导致的总TFP损失程度，以及单个要素配置效率的改善对TFP的影响。结果显示，中国劳动和资本要素配置扭曲所导致的TFP损失，从1998年的57.1%降低到2007年的30.1%。在这10年中，劳动和资本要素配置效率的改善分别促进TFP提高7.3%和10.1%。

王宁和史晋川（2015）建立时变弹性生产函数模型测算劳动和资本要素价格的扭曲程度。发现中国劳动和资本要素价格长期存在负向扭曲，导致要素的边际产出高于其实际价格，并且资本要素的扭曲程度在大多数时期要高于劳动要素的扭曲程度。这表明尽管中国长期以来以压低要素价格来实现经济快速增长的方式在短期内刺激了经济高速增长，长期却造成了结构性矛盾。

李艳和杨汝岱（2018）基于梅利兹和波拉内克（Melitz and Polance，2015）所提出的核算框架，使用中国工业企业微观数据构造“城市—产业”层面的资源配置效率指标，实证研究了地方国企依赖对中国资源配置效率的影响。结果发现，地方国企依赖显著恶化了中国的资源配置效率。对地方国企依赖影响资源配置效率的机制检验的结果表明，地方国企依赖阻碍了企业市场进入和低效率国有企业的市场退出，并对非国有企业利用资源扩大生产规模产生了阻碍。反事实的结果表明，消除地方国企依赖可以行业总产值提高9.7%，并使就业提高11.2%。

此外，袁志刚和解栋栋（2011）、简泽（2011）、朱喜等（2011）、李静等（2012）、鄢萍（2012）、罗德明等（2012）、孙圣民和宫明波（2012）等也针对中国的资源配置效率问题进行了相关研究。

2.4 国有企业上游垄断与资源配置效率关系的相关研究

20世纪90年代国有企业改革以后，国有企业逐步从下游产品市场竞争中退出，由此释放了大量的生产要素，带来资源配置效率的大幅改善和经济的持续、高速增长。但在上游要素市场，国有企业通过一系列兼并重组，反而强化了其控制支配地位。那么，国有企业上游垄断的产业竞争结构本身是否导致了资源配置的低效率，从而对经济进一步增长产生阻碍?

随着对国有企业研究的不断深入，部分学者开始关注国有企业上游垄断的经济现象，并针对国有企业上游垄断对资源配置效率的影响展开理论研究。刘瑞明（2011）构建上游要素市场为国有企业垄断，下游产品市场竞争的纵向市场一体化模型，发现那些在上游要素市场的大中型国有企业的利润，事实上是行政垄断的结果，维持国有企业在要素市场的垄断地位相当于对产品市场的企业征税。国有企业垄断上游要素市场阻碍了民营企业发展，损害了社会福利和资源配置效率。王永进和刘灿雷（2016）利用1998~2007年中国工业企业数据，借鉴安特拉斯等（2012）提出的产业上游度的测算方法，从产业链上下游的视角定量测算国有企业上游垄断的现象，并考察其对中国经济增长的影响。研究发现，国有企业上游垄断不利于整体的技术进步，降低了资源配置效率，使得低效率国有企业进入市场，并挤出了高效率的非国有企业，从而不利于中国的经济增长。钱学峰等（2019）构建了一个上游国有企业寡头垄断，下游非国有企业垄断竞争的“垂直结构”模型，将“下游征税，上游补贴”的“交互补贴”政策嵌入“垂直结构”模型，以下游非国有企业进入数目的多少考察“垂直结构”和“交互补贴”政策如何影响资源配置效率和社会福利水平。模型分析表明，“垂直结构”使得下游非国有企业存在进入不足的倾向，因此“垂直结构”本身导致了资源配置的低效率，并且降低了社会总体的福利水平。而“交互补贴”政策进一步恶化了“垂直结构”对资源配置和社会福利的负面影响。

总的来说，现有文献关于国有企业对经济增长的影响主要分为“直接抑制效应”和“间接拖累效应”。所谓的“直接抑制效应”，是指国有企业由于存在代理成本、软预算约束、政策性负担等问题，其本身的效率低于非国有企业，低效率国有企业在产业链上游居于垄断地位，掌控了大量的生产要素，直接降低了中国的资源配置效率和经济发展水平（刘小玄，2000；Zhang et al.，2001；周黎安等，2007；Brandt et al.，2008）。所以，允许低效率国有企业退出市场，对国有企业产权进行改革，能够显著提升中国的经济发展水平（许召元和张文魁，2015）。而“间接拖累效应”是指，国有企业垄断产业链上游，还会通过增加下游非国有企业要素使用成本，阻碍高效率非国有企业市场进入，以及损害市场竞争机制的有效发挥，间接损害中国的资源配置效率和经济发展水平。例如，刘瑞明（2011）的研究认为，在市场经济转型背景下，不但国有企业本身的相对低效降低了经济增长，而且政府对国有企业的预算软约束，以及银行等金融机构对国有企业的信贷偏好，阻碍了非国有企业的发展，从而间接损害了经济增长。此外，杜等（Du et al.，2014）基于对生产率增长的分解，研究得出国有企业对通过抑制非国有企业发展不利于整体经济的增长。

2.5 研究评述

现有文献围绕国有企业上游垄断、国有企业效率、资源配置效率，以及国有企业上游垄断与资源配置效率的关系等方面进行了一系列探索，得出了一些富有建设性的结论。可以说，现有文献为本书提供了坚实的理论铺垫。但通过文献梳理，本书发现现有文献在以下两个方面仍显不足：

（1）现有关于国有企业与资源配置效率的研究要么直接讨论国有偏向型政策对资源配置效率的影响（Hsieh and Klenow，2009；蒋为和张龙鹏，2015；Song and Wu，2011），要么将国有企业与非国有企业看作是经济体中单一的产业部门或生产水平差异化产品的部门，着重关注要素配置扭曲或各类政策扭曲对资源配置和社会福利的影响（Song et al.，2011；钱学锋等，2016），而缺乏“垂直结构”下国有企业上游垄断对资源配置效率影响的直接研究。

（2）现有少数关于国有企业上游垄断的研究，多从理论层面建立数理模型，侧重其对经济现象的解释（刘瑞明，2011；李系等，2014；王勇，2017），或其与产业政策的关系（钱学峰等，2019），而缺乏国有企业上游垄断影响资源配置效率的作用机理的直接研究。实证层面，已有研究大多基于中国工业企业数据库，所用数据也大多局限于1998~2007年①，难以反映2008年金融危机后状况。进一步地，现有文献鲜有将空间因素同时纳入理论分析框架之内的，然而现实中各地区之间存在着广泛的经济联系。研究表明，中国各地区之间的经济关联程度越来越强，主要经济变量在各地区间表现出明显的空间聚集特征：即存在高值与高值，以及低值与低值的空间聚集特征。各地区国有企业上游垄断并非仅仅对本地区资源配置效率产生影响，还会对其他地区，尤其是空间临近地区产生影响，而其他地区资源配置效率的改变又会反作用于本地区的资源配置效率。

“不同所有制企业在产业链上下游所形成的非对称竞争结构”是20世纪90年代中后期国有企业改革之后中国国内市场形成的典型特征。对这一特征的研究是回答当下很多经济问题的关键。而现阶段通过纠正要素配置扭曲，进一步改善中国的资源配置效率，从而推动中国经济新一轮高质量增长的要求日益强烈。但现有研究针对“国有企业上游垄断的市场竞争结构及其形成过程在中国资源配置效率演进中所起的作用”还没有给出令人满意的答案。本书尝试以“国有企业上游垄断对中国资源配置效率的影响研究”为题，从理论和实证两方面研究国有企业上游垄断对中国资源配置效率的影响，以求能够建立国有企业上游垄断和中国资源配置效率之间的桥梁。

① 这主要是囿于微观企业数据的可得性。

第3章 国有企业上游垄断影响资源配置效率的理论分析

本章首先描述国有企业上游垄断影响资源配置效率的作用机理，然后通过构建一个简单的产业组织模型进一步从数理层面进行分析。

3.1 国有企业上游垄断影响资源配置效率的作用机理

图3-1描述了国有企业上游垄断影响中国资源配置效率的作用机理。如图3-1所示，国有企业上游垄断包含两层含义：一是国有企业沿产业链向上游攀升；二是国有企业在产业链上游的垄断势力增强。首先，国有企业上游化攀升意味着国有企业退出下游市场竞争，由此释放出大量的生产要素，放开了下游市场非国有企业的进入门槛，并且扫除了下游市场竞争机制有效发挥的障碍，有利于改善中国的资源配置效率，是为国有企业上游垄断影响中国资源配置效率的“竞争退出效应”。其次，国有企业由于存在代理成本、软预算约束、政策性负担等问题，其本身的效率低于非国有企业，低效率国有企业在产业链上游居于垄断地位，掌控了大量的生产要素，直接降低了中国的资源配置效率，是为国有企业上游垄断影响中国资源配置效率的“直接抑制效应”。再次，国有企业垄断产业链上游，还会通过增加下游非国有企业要素使用成本，阻碍高效率非国有企业市场进入，以及损害市场竞争机制的有效发挥，间接损害中国的资源配置效率，是为国有企业上游垄断影响中国资源配置效率的“间接拖累效应”。最后，国有企业上游垄断不但会对本地区的资源配置效率产生影响，还会通过地区间广泛而深入

的经济技术联系对其他地区，尤其是空间临近地区的资源配置效率产生影响，本地国有企业上游垄断对其他地区资源配置效率既有正向的影响，又有负向的影响，分别对应国有企业上游垄断对中国资源配置效率的“空间溢出效应”和“空间竞争效应”。

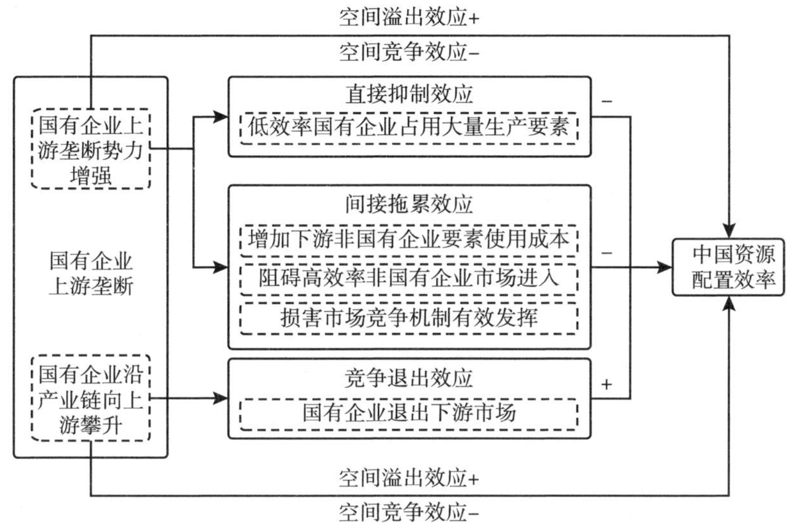

图3－1　国有企业上游垄断影响资源配置效率的作用机理

资料来源：笔者绘制。

3.1.1　直接抑制效应

国有企业上游垄断会通过自身的效率损失直接拉低资源配置效率。国有企业在上游产业中的垄断地位并非是在市场竞争机制作用下通过提高自身效率挤出其他低效企业而获得的，主要是凭借政府保护所形成的行政垄断而获得。国有企业由于存在代理成本、软预算约束、政策性负担等问题，其本身的效率相对非国有企业为低①。这就导致：一方面，

① 有关国有企业效率的研究综述，详见本书第2.2节。需要说明的是，国有企业相对非国有企业的低效率是现有文献的普遍看法（姚洋，1998；刘小玄，2000；姚洋和章奇，2001；等等），但本书并非认为所有的国有企业都是低效率。本书仅从一般意义上探讨国有企业上游垄断对资源配置效率的影响，因此本书认为设定国有企业相对非国有企业低效的假设是合理的。当然，在提到具体某一或某些国有企业时需要具体进行分析，不能一概而论。

从短期来看，低效率的国有企业凭借其垄断地位占据了大量的生产要素，由此直接拉低了整体的要素使用效率；另一方面，国有企业由于凭借政府行政垄断就可以轻松获得超额垄断利润，因此国有企业本身缺乏改善技术和管理水平，以提升经营效率的动机，因此长期也不利于资源配置效率的提升。

3.1.2 间接拖累效应

国有企业不仅会通过自身的效率损失直接拉低资源配置效率，而且还会通过抑制非国有企业的发展，间接损害整体的资源配置效率。

1. 增加下游非国有企业要素使用成本

国有企业上游垄断会增加下游非国有企业要素使用成本，不利于非国有企业进行技术升级。一方面，国有企业凭借其行政垄断地位占用大量生产要素，挤出了非国有企业可利用的资源空间。尤其国有企业所占据的上游产业多为资本密集型产业，国有企业利用其行政垄断地位攫取了巨额超额利润，更倾向于违背当前的要素禀赋和产业发展阶段而使用和开发资本偏向型技术，进一步加剧非国有企业的金融短缺，增加其融资成本。而融资困难可能直接导致非国有企业错失技术升级和开拓市场的良机，由此间接导致了非国有企业的效率损失。另一方面，低效率国有企业垄断上游产业不利于上游产业生产效率的提升，由此导致上游部门的产品价格居高不下或质量不佳，而上游部门所生产的产品多为下游部门生产所必需的中间产品，因此不利于下游非国有企业降低生产成本、提高产品竞争力和技术改造升级。

2. 阻碍高效率非国有企业的市场进入

国有企业垄断上游产业会阻碍高效率非国有企业市场进入，不利于产业资源配置效率的提升。国有企业是政府行政垄断所带来的超额利润的既得利益者，出于自身利益考量，国有企业会通过种种手段阻碍高效率非国有企业的市场进入。因为市场竞争水平的提升必然带来垄断利润的降低，甚至威胁到国有企业自身的生存。况且大中型国有企业往往具有非常强大的经济实力，数目也较少，因此其合谋的成本较小，在既定体制下，其行政级别也很高，因此有能力对政府的产业政策产生影响。

3. 损害市场竞争机制的有效发挥

国有企业上游垄断通过损害市场竞争机制的有效发挥，不利于市场自发地提升资源配置效率。在完全自由竞争的市场环境中，市场机制会自发地配置资源，使得资源从使用效率低的地方向使用效率高的地方流动，从而自发地提升资源配置效率。然而政府人为的行政垄断使得市场竞争机制难以有效发挥，阻碍了市场自发调节资源配置的机制。而且，国有企业为了维护其垄断地位，会对政府部门进行游说，由此产生大量的非生产性“寻租”成本，降低资源使用效率。

3.1.3　竞争退出效应

国有企业上游垄断一方面会通过直接抑制效应和间接拖累效应恶化整体的资源配置效率；但在另一方面，国有企业上游化攀升意味着国有企业退出下游市场，由此也会对资源配置效率带来显著的改善作用。首先，国有企业退出下游市场直接释放大量的生产要素，在市场逐利动机的引导下，这部分生产要素会自发地向生产效率高、要素报酬高的企业、产业或地区流动，从而提高资源配置效率。其次，国有企业退出下游市场，或放开下游市场的行政垄断，允许非国有企业自由进入，会激发一批高效率的非国有企业进入下游市场，直接提升下游整体的企业效率。最后，打破下游市场的人为的行政垄断，会清除市场机制有效发挥的阻碍，在优胜劣汰的市场机制作用下，下游市场在位企业会努力提升自身的经营绩效，以争取更好的利润或避免被淘汰。因此，国有企业退出下游市场，在长期来看也有利于提高下游市场的资源配置效率。

3.1.4　空间效应

国有企业上游垄断不仅会对本地的资源配置效率产生影响，而且还会产生空间效应，对相邻地区的资源配置效率也产生影响。不同地区间存在广泛的经济技术联系，首先，不同地区间由于产业结构的差异存在投入产出关系，某一地区的产出可能会成为另一地区的投入，从而形成垂直的产业关联。而不同地区间由于消费偏好的差异，也存在同一产业内产异化产品之间的产业内贸易。其次，不同地区间除了商品的流动，也存在广泛的资本和劳动力的相互流动，由此带动不同地区间技术和知识的交流与融合。最后，不同地区间也存在一定的竞争关系，尤其在政绩考核的激励下，执政者为追求本地相对于周边地区的竞争优势，会采取一定的措施保护本地产业，由此带来不同地区间对同一要素的竞争。鉴于不同地区间广泛而深入的经济技术联系，某一地区国有企业上游垄断在影响本地资源配置效率的同时，也不可避免地会对其他地区的资源配置效率产生影响，但具体是正向影响还是负向影响取决于省际经济联系的特性，不能一概而论。

3.2 国有企业上游垄断影响资源配置效率的数理模型

为了进一步说明国有企业上游垄断对资源配置效率的影响，本节构建一个简单的产业组织模型来进行数理分析。

假设经济体中的企业部门由位于产业链上游的要素部门 U 和位于产业链下游的产品部门 D 两部分组成。上游要素部门生产中间产品 I 并出售给下游产品部门，下游产品部门购买上游要素部门生产的中间产品并生产最终产品 F。为简化起见，假设生产一单位最终产品恰好需要一单位中间产品。上游要素部门和下游产品部门分别有 n^U 和 n^D 个企业，假设部门内所有同一所有制性质的企业都是相同的。其中，上游要素部门有 n_s^U 个国有企业和 n_p^U 个民营企业，且 $n_s^U + n_p^U = n^U$；下游产品部门有 n_s^D 个国有企业和 n_p^D 个民营企业，且 $n_s^D + n_p^D = n^D$。假设上游要素部门和下游产品部门均进行古诺产量竞争，企业间没有合谋。

首先分析下游产品部门。由于同一部门中所有同一所有制性质的企业都是相同的，则下游产品部门的总产出可表示为：

$$Y^D = n_s^D Y_s^D + n_p^D Y_p^D$$

其中，Y_s^D 和 Y_p^D 分别为下游产品部门中国有企业和民营企业的产出，Y^D 为下游产品部门的总产出。下游产品部门的反需求函数为：

$$P^D = f(Y^D)$$

其中，P^D 为最终产品的价格。下游产品部门中企业的利润函数为：

$$\pi_i^D = P^D Y_i^D - P^U Y_i^D - C_i^D Y_i^D - F^D,\ i = s,\ p \tag{3.1}$$

其中，i = s，p，分别代表国有企业和民营企业；P^U 为上游要素部门生产的中间产品的价格；C_i^D 为下游企业的边际成本，令 $C_s^D > C_p^D$①；F^D 是下游企业的固定成本。由式（3.1）可得下游产品部门企业利润最大化的一阶条件为：

$$\frac{d\pi_i^D}{dY_i^D} = P^D + Y_i^D \frac{dP^D}{dY_i^D} - P^U - C_i^D = P^D\left(1 + \frac{Y_i^D}{P^D}\frac{dP^D}{dY^D}\frac{dY^D}{dY_i^D}\right) - P^U - C_i^D = 0,\ i = s,\ p \tag{3.2}$$

将 n_s^D 个国有企业和 n_p^D 个民营企业利润最大化的条件加总，可得：

$$P^D\left[1 - \frac{1}{(n_s^D + n_p^D)E^D}\right] = P^U + \frac{n_s^D C_s^D + n_p^D C_p^D}{n^D} \tag{3.3}$$

整理并求导可得：

$$\frac{\partial P^D}{\partial n_s^D} < 0,\ \frac{\partial P^D}{\partial n_p^D} < 0,\ \frac{\partial P^D}{\partial P^U} > 0,\ \frac{\partial P^D}{\partial C_s^D} > 0,\ \frac{\partial P^D}{\partial C_p^D} > 0,\ \frac{\partial P^D}{\partial E^D} < 0$$

因此，在下游产品部门中，给定其他类型企业的数目，无论国有企业还是民营企业，其企业数目的增加都能提高市场竞争水平，降低最终产品价格。下游最终产品的价格也取决于上游中间产品的价格和下游最终产品的边际成本：上游中间产品的价格越高，则下游最终产品的价格越高；下游最终产品的边际成本越高，最终产品的价格也越高。下游最终产品的价格还取决于下游产品部门的市场需求弹性，下游产品部门的市场需求弹性越高，下游最终产品的价格越低。

进一步地，下游最终产品的价格也取决于下游产品部门的所有制结构。由于民营企业的边际成本低于国有企业，则下游产品部门中国有企业的比重越低，即国有企业退出下游产品市场，会降低下游产品部门的平均边际成本；而边际成本的降低，反过来又降低了下游产品部门的价格。同时，相对高效的民营企业替代国有企业，也会提高下游产品部门整体的效率。由此，本书得出以下结论：

命题3.1：下游产品部门中，国有企业的比重越低，则下游产品部门的平均边际成本越低，产品价格越低，而下游产品部门的整体效率则

① 此处暗含的假设是，非国有企业比国有企业更有效率。关于国有企业效率的研究综述，详见本书第2.2节。

随着民营企业比重的提高而提高。下游产品市场的价格还取决于上游中间产品的价格，上游中间产品的价格越高，则下游最终产品的价格也越高。上游要素部门通过中间产品影响下游产品部门的效率。

接下来分析上游要素部门。上游要素部门的总产出为：

$$Y^U = n_s^U Y_s^U + n_p^U Y_p^U$$

其中，Y_s^U 和 Y_p^U 分别为上游要素部门中国有企业和民营企业的产出，Y^U 为上游要素部门的总产出。上游要素部门的反需求函数为：

$$P^U = f(Y^U)$$

上游要素部门中企业的利润函数为：

$$\pi_i^U = P^U Y_i^U - C_i^U Y_i^U - F^U,\ i = s,\ p \tag{3.4}$$

其中，$i = s$，p，分别代表国有企业和民营企业；C_i^U 为上游企业的边际成本，令 $C_s^U > C_p^U$；F^U 是上游企业的固定成本。同理，本书可得上游要素部门利润最大化的条件为：

$$P^U\left[1 - \frac{1}{(n_s^U + n_p^U)E^U}\right] = \frac{n_s^U C_s^U + n_p^U C_p^U}{n^U}$$

整理并求导可得：

$$\frac{\partial P^U}{\partial n_s^U} < 0,\ \frac{\partial P^U}{\partial n_p^U} < 0,\ \frac{\partial P^U}{\partial C_s^U} > 0,\ \frac{\partial P^U}{\partial C_p^U} > 0,\ \frac{\partial P^U}{\partial E^U} < 0$$

因此，在上游要素部门中，给定其他类型企业的数目，无论国有企业还是民营企业，其企业数目的增加都能提高市场竞争水平，降低最终产品价格。上游中间产品的价格还取决于上游中间产品的边际成本：上游中间产品的边际成本越高，则上游中间产品的价格也越高。上游中间产品的价格还取决于上游要素部门的市场需求弹性，上游要素部门的市场需求弹性越高，上游中间产品的价格越低。

进一步地，上游中间产品的价格也取决于上游要素部门的所有制结构。上游要素部门中，国有企业的比重越高，则会提高上游要素部门的平均边际成本，进而提高上游要素部门的价格。而上游要素部门价格的提高，会进一步提高下游产品部门的成本和下游最终产品的价格。由此，本书得出以下结论：

命题 3.2：上游要素部门中，国有企业的比重越高，则上游要素部门的平均边际成本越高，产品价格越高，直接增加下游产品部门投入品的价格，进而提高下游最终产品的价格。因此，上游要素部门国有企业市场势力的增强会恶化下游产品部门的效率。

通过本节数理模型的推导，本书可以得出结论：国有企业退出下游产品部门会降低下游产品部门的平均边际成本，提高下游产品部门的整体效率（竞争退出效应）；上游要素部门中国有企业的比重越高，则上游要素部门的平均边际成本越高，上游要素部门的效率越低（直接抑制效应）；而上游产品部门中国有企业市场势力的增强会通过增加上游中间产品的价格来恶化下游产品部门的效率（间接拖累效应）。

3.3　本章小结

本章从理论层面分析了国有企业上游垄断对资源配置效率的影响。首先，国有企业本身相对非国有企业的低效率直接抑制了资源配置效率；其次，上游国有企业也会通过抑制下游非国有企业发展间接拖累资源配置效率；再次，国有企业退出下游竞争市场时，会释放大量的生产要素，放开下游市场竞争，由此带来资源配置效率的改善；最后，地区间国有企业上游垄断对资源配置效率的影响也因地区间广泛而深入的技术经济联系而存在空间效应。在理论分析的基础上，本书进一步构建产业组织模型，从数理层面剖析国有企业上游垄断对资源配置效率的影响。

第4章　国有企业上游垄断程度的测算

4.1　产业上游度的测算

本节基于安特拉斯等（2012）提出的测算方法，利用历年中国投入产出表测算产业上游度（industrial upstreamness，即一个产业生产的产品距离最终需求的平均距离；周华等，2016）。

4.1.1　产业上游度的测算方法

1. 封闭经济情形下的基准模型

假设在一个封闭经济体中共有 N 个产业，暂时不考虑存货。对任意一个产业 $i \in \{1, 2, \cdots, N\}$ 而言，总产出 Y_i 等于作为最终需求的部分 F_i 以及作为其他产业中间品的部分 Z_i 之和：

$$Y_i = F_i + Z_i = F_i + \sum_{j=1}^{N} d_{ij} Y_j \tag{4.1}$$

其中，d_{ij}表示每生产1单位 j 产业产出，所需投入的 i 产业产出的量。迭代这一等式，可将产业 i 的产出表示为一个无穷序列之和，该序列反映了产业 i 的产出在产业链上不同位置的使用情况：

$$\begin{aligned} Y_i = F_i &+ \sum_{j=1}^{N} d_{ij} F_j + \sum_{j=1}^{N} \sum_{k=1}^{N} d_{ik} d_{kj} F_j \\ &+ \sum_{j=1}^{N} \sum_{k=1}^{N} \sum_{l=1}^{N} d_{il} d_{lk} d_{kj} F_j + \cdots \end{aligned} \tag{4.2}$$

为计算产业 i 的产出在产业链上的平均位置，对式（4.2）右边的每一项乘以它们距离最终需求的距离加 1①，并除以产业 i 的产出：

$$U_i = \frac{F_i}{Y_i}\cdot 1 + \frac{\sum_{j=1}^{N} d_{ij}F_j}{Y_i}\cdot 2 + \frac{\sum_{j=1}^{N}\sum_{k=1}^{N} d_{ik}d_{kj}F_j}{Y_i}\cdot 3 + \frac{\sum_{j=1}^{N}\sum_{k=1}^{N}\sum_{l=1}^{N} d_{il}d_{lk}d_{kj}F_j}{Y_i}\cdot 4 + \cdots \tag{4.3}$$

显然，$U_i \geqslant 1$，并且 U_i 取值越大表明产业 i 在产业链上的位置越靠近上游。对于任意产业 j，有 $\sum_{i=1}^{N} d_{ij} < 1$（一个很自然的假定），则式（4.3）的分子等于 $N\times 1$ 矩阵 $[I-D]^{-2}\cdot F$ 的第 i 个元素。其中，D 为第（i，j）个元素为 d_{ij} 的 $N\times N$ 矩阵，F 是第 i 行元素为 F_i 的列向量，I 为单位矩阵。同时式（4.2）等于 $N\times 1$ 矩阵 $Y=[I-D]^{-1}\cdot F$ 的第 i 个元素。经矩阵计算可得②：

$$U_i = [I-\Delta]^{-1}\cdot 1 \tag{4.4}$$

其中，Δ 为第（i，j）个元素为 $d_{ij}Y_j/Y_i$ 的 $N\times N$ 矩阵，1 为元素为 1 的列向量。

2. 开放经济情形下的调整

考虑进出口贸易和存货，进一步对上述测算方法进行调整③。考虑进出口贸易和存货，式（4.1）调整为：

$$Y_i = F_i + \sum_{j=1}^{N} d_{ij}Y_j + X_i - M_i + V_i \tag{4.5}$$

其中，X_i、M_i 和 V_i 分别表示产业 i 的出口、进口和存货。经进出口和存货调整的 i 产业产出中 j 产业的使用比例也变更为：

$$\delta_{ij} = \frac{d_{ij}Y_j + X_{ij} - M_{ij} + V_{ij}}{Y_i} \tag{4.6}$$

---

① 此处暗含的假设是，产业链上任意相邻生产阶段间的距离都为 1，即等间距，并将最终消费在产业链上的位置设为 1。值得注意的是，周华等（2016）在安特拉斯等（2012）的基础上，根据每个产业的产业附加值的差异，设计了非等间距产业上游度的测算方法。

② 详细的计算过程可参考米勒和彼得（2009）以及米勒和彼得（2013）。

③ 安特拉斯等（2012）并未考虑存货。鉴于存货占总产出的比重较大，考虑存货的情况更符合中国国情。

其中，X_{ij}、M_{ij}和V_{ij}分别表示i产业出口、进口和存货中j产业使用的部分。由于缺少进出口和存货层面的投入产出数据，为此假设i产业出口、进口和存货中j产业使用的比例同i产业产出中j产业直接使用的比例一致，即：

$$X_{ij} = \delta_{ij} \cdot X_i$$
$$M_{ij} = \delta_{ij} \cdot M_i$$
$$V_{ij} = \delta_{ij} \cdot V_i \tag{4.7}$$

由此可得调整后的投入产出系数为：

$$\hat{d}_{ij} = \frac{d_{ij} Y_i}{Y_i - X_{ij} + M_{ij} - V_{ij}} \tag{4.8}$$

根据调整后的投入产出系数$\hat{d}_{ij}$构建矩阵Δ，代入式（4.4）即可计算产业i距离最终需求的平均距离，即产业i的上游度。

4.1.2　产业上游度的测算结果

本节基于4.1.1节产业上游度的测算方法，根据历年中国投入产出表测算了中国各产业上游度指数①。并根据测算出的上游度指数把各产业归类为上游产业、中游产业与下游产业，分别对应于按照上游度指数从大到小排序位于前、中、后1/3的产业。各产业不同年份上游度指数有略微差异，但其在产业链上的上中下游划分却大致不变。表4－1以2017年为例显示了所有部门的上游度指数及其上中下游划分情况。

从表4－1可以看出，不同产业的上游度指数差别很大，最高的煤炭开采和洗选业（4.95），其上游度指数是最低的卫生和社会工作业（1.05）的近5倍。具体到各产业部门，全部采矿业，包括石油和天然气开采业（4.92）、煤炭开采和洗选业（4.95）、金属矿采选业（4.92）、非金属矿及其他矿采选业（3.96）等为生产提供原料的基础

① 国家统计局仅在逢0、2、5、7的年份公布产业间投入产出表，且历年投入产出表的产业分类有所差异，即便是在同一年份，投入产出表根据产业细分程度也有不同版本。本书根据1992年、1995年33部门，1997年、2000年40部门，2002年、2005年、2007年、2012年、2015年、2017年42部门，以及2010年41部门投入产出表计算了中国各产业的上游度指数（在2017年，国家统计局仅公布了149部门投入产出表，本书根据投入产出表部门分类标准将其合并为42部门投入产出表）。对于缺失年份的上游度指标，本书取与之最为相近的前一公布产业投入产出表的年份的上游度指标代替。

表4-1 2017年所有部门上游度指数及其上中下游划分情况

代码	产业	2017年上游度指数
	上游	
02	煤炭开采和洗选业	4.95
03	石油和天然气开采业	4.92
04	金属矿采选业	4.92
23	废弃资源综合利用业	4.90
25	电力、热力的生产和供应业	4.29
07	纺织业	4.07
11	石油加工、炼焦及核燃料加工业	4.05
24	金属制品、机械和设备修理业	4.04
20	计算机、通信设备及其他电子设备制造业	3.99
05	非金属矿及其他矿采选业	3.96
12	化学工业	3.91
14	金属冶炼及压延加工业	3.87
10	造纸印刷及文教体育用品制造业	3.83
35	租赁和商务服务业	3.63
	中游	
21	仪器仪表制造业	3.56
22	其他制造业	3.45
15	金属制品业	3.30
19	电气、机械及器材制造业	3.23
30	交通运输、仓储和邮政业	3.22
33	金融业	3.18
16	通用设备制造业	3.07
29	批发和零售业	3.06
26	燃气生产和供应业	3.03
01	农林牧渔业	3.02
09	木材加工及家具制造业	2.96
13	非金属矿物制品业	2.73

续表

代码	产业	2017 年上游度指数
中游		
27	水的生产和供应业	2.55
31	住宿和餐饮业①	2.54
下游		
17	专用设备制造业	2.33
06	食品制造及烟草加工业	2.33
08	纺织服装鞋帽皮革羽绒及其制品业	2.32
18	交通运输设备制造业	2.28
38	居民服务、修理和其他服务业	2.23
32	信息传输、软件和信息技术服务业	2.19
34	房地产业	2.13
36	科学研究和技术服务业	2.05
37	水利、环境和公共设施管理业	1.85
41	文化、体育和娱乐业	1.85
39	教育业	1.10
42	公共管理、社会保障和社会组织	1.08
28	建筑业	1.07
40	卫生和社会工作业	1.05

注：(1) 上游度指数根据安特拉斯等（2012）的方法由 2017 年中国投入产出表计算得出。(2) 本节所用 2017 年 42 部门投入产出表为根据国家统计局公布的 2017 年 149 部门投入产出表合并得出。

资料来源：笔者计算。

性产业全部位于产业链的上游，表明其在产业体系中的基础性地位，即无论是制造业还是服务业，都需要采矿业提供的原材料。而且采矿业的

① 有学者对住宿和餐饮业的排名比较靠前提出质疑，认为住宿和餐饮业靠近最终消费，应该位于产业链下游。本书查考投入产出表发现，住宿和餐饮业的产出中，占比最高的并非是最终消费，而是中间使用（占总产出的 64%）。事实上，根据贲培雯等（2018）的研究，住宿和餐饮业的产出中有相当一部分用于制造业、金融业、交通运输、邮政和仓储业、批发和零售业等位于产业链中上游的产业。因此，住宿和餐饮业的上游度排名比较靠前就不足为奇。

平均上游度指数为 4.69，远高于其他产业部门，表明采矿业开采的原料要经过漫长的产业链条才能到达最终消费。不同于采矿业，农林牧渔业的相当一部分产出用于直接消费或经简单加工后用于消费。因此，虽然同为提供原料的基础性产业，农林牧渔业的上游度指数仅为 3.02，在产业链中居于中游。服务业中，除租赁和商务服务业（3.63）以外，全部位于产业链的中下游。这是因为服务业是为生产生活提供服务的产业部门，而服务产品的生产和消费结合紧密，因此相对于其他产业部门更靠近最终消费。

为了更直观地考察工业部门各产业在产业链中的分布情况，将工业部门的上游度指数单独列示并按照上游度指数从大到小排序将工业部门各产业分为上游、中游和下游（仍以 2017 年为例），见表 4－2。从表 4－2 可以看出，相对于所有部门，工业部门的上游度指数更为集中。最高的煤炭开采和洗选业（4.95），其上游度指数仅为最低的交通运输设备制造业（2.28）的 2.17 倍。工业部门各产业的平均上游度指数为 3.57，远高于其他产业部门，表明工业部门整体在产业链中更靠近上游。具体到各产业部门，冶金、机械、能源（电力、石油、煤炭、天然气等）、化工等提供生产资料的重化工业产业大多位于产业链中上游，而食品、烟草、服装、造纸、文教体育用品等生产消费资料的轻工业产业大多位于产业链中下游。

表 4－2　2017 年工业部门上游度指数及其上中下游划分情况

代码	产业	2017 年上游度指数
上游		
02	煤炭开采和洗选业	4.95
03	石油和天然气开采业	4.92
04	金属矿采选业	4.92
23	废弃资源综合利用业	4.90
25	电力、热力的生产和供应业	4.29
07	纺织业	4.07
11	石油加工、炼焦及核燃料加工业	4.05
24	金属制品、机械和设备修理业	4.04
20	计算机、通信设备及其他电子设备制造业	3.99

续表

代码	产业	2017 年上游度指数
中游		
05	非金属矿及其他矿采选业	3.96
12	化学工业	3.91
14	金属冶炼及压延加工业	3.87
10	造纸印刷及文教体育用品制造业	3.83
21	仪器仪表制造业	3.56
22	其他制造业	3.45
15	金属制品业	3.30
19	电气、机械及器材制造业	3.23
下游		
16	通用设备制造业	3.07
26	燃气生产和供应业	3.03
09	木材加工及家具制造业	2.96
13	非金属矿物制品业	2.73
27	水的生产和供应业	2.55
17	专用设备制造业	2.33
06	食品制造及烟草加工业	2.33
08	纺织服装鞋帽皮革羽绒及其制品业	2.32
18	交通运输设备制造业	2.28

注：(1) 上游度指数根据安特拉斯等（2012）的方法由 2017 年中国投入产出表计算得出。(2) 本节所用 2017 年 42 部门投入产出表为根据国家统计局公布的 2017 年 149 部门投入产出表合并得出。

资料来源：笔者计算。

4.2 国有资本产业分布的变化情况[①]

本节考察国有资本在整个国民经济、各大类产业，以及工业部门各

① 注：(1) 本节以所有者权益合计为例衡量国有企业资本总额，若以资产总计衡量国有企业资本总额，其总量变化趋势、产业分布、各产业占比等指标大致相同；(2) 本节除特殊说明外，所用数据均来源于 Wind 数据库和财政部；(3) 除特殊说明外，本节数据不含金融保险业。

子产业中的布局和相对地位的变化情况。

4.2.1 国有资本总量的变化情况

以所有国有及国有控股企业口径统计的中国国有资本自2000年以来保持持续、较快增长①。国有资本总量自2000年的不足6万亿元增长到2018年的超过63万亿元，年平均增速达14.18%，高于同期GDP平均增速5个百分点。分段来看，国有资本在2013年之前年均增速达15.32%，2014年以后增速有所放缓。

工业部门国有资本变化情况与全部国有资本变化情况有所不同。以国有及国有控股工业企业口径统计的中国工业部门国有资本在近20年来平稳增长。工业部门国有资本总量自2000年的3.27万亿元增长到2018年的18.17万亿元，年平均增速达9.99%。其中，2000~2010年年均增长11.61%，2011年以后增速有所放缓。

如图4-1所示，与工业部门中国有资本总量持续增长所不同的是，工业部门总资本中国有资本的比重却经历了大幅下滑，从2000年的66.22%，降低到2016年的33.61%，表明国有资本在2000~2016年间从工业领域相对退出。2016年以后，在《中国制造2025》、制造强国战略等政策驱动下，国有资本积极发挥作用，其在工业部门总资本中的比重也有所回升。截止到2018年，国有资本占工业部门总资本的比重提高到36.84%。

4.2.2 各产业国有资本占全部国有资本比重的变化情况

为考察国有资本投向的布局调整，本节分析各产业国有资本占全部国有资本比重的变化情况，本节从大类产业和工业部门内部两个层面进行探讨。

1. 大类产业层面

从表4-3可以看出，2000~2018年间，国有资本在农林牧渔业和

① 2017年除外，当年国有资本总额增速为-2.62%。

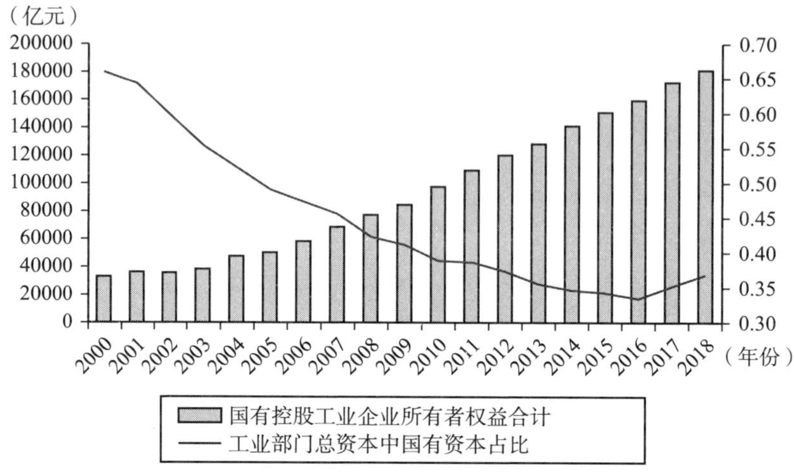

图 4-1　2000~2018 年工业部门国有资本变动情况

资料来源：笔者根据国家统计局、中国统计年鉴相关数据绘制。

工业部门的比重大幅下滑。表明国有资本从这些竞争性产业部门相对退出，非国有企业占比增加。与此同时，国有资本在建筑业、交通运输和仓储业、房地产业、社会服务业、卫生体育和社会福利业、科学研究和综合技术服务业等大类产业中的比重大幅提升（其中，除交通运输和仓储业以外，其他 5 个大类产业的国有资本占全部国有资本比重的变动率均大于 100%）。其中，建筑业国有资本占全部国有资本的比重从 2000 年的 2.17%，提高到 2018 年的 6.28%；交通运输和仓储业国有资本占全部国有资本的比重从 2000 年的 12.62%，提高到 2018 年的 14.48%；房地产业国有资本占全部国有资本的比重从 2000 年的 1.63%，提高到 2018 年的 8.90%；社会服务业国有资本占全部国有资本的比重从 2000 年的 1.98，提高到 2018 年的 23.75%；卫生体育和社会福利业国有资本占全部国有资本的比重从 2000 年的 0.04%，提高到 2018 年的 0.21%；科学研究和综合技术服务业国有资本占全部国有资本的比重从 2000 年的 0.38%，提高到 2018 年的 1.25。国有资本在建筑业、交通运输和仓储业、房地产业、社会服务业、卫生体育和社会福利业、科学研究和综合技术服务业等大类产业中的比重从 2000 年的不足 20%，调整到 2018 年的超过 50%。与此同时，国有资本在工业部门中的比重从 2000 年的 56.70%，调整到

2018年的不足30%。在过去20年里，国有资本进行了自身配置的战略调整，将投资重点从工业部门转移到服务业部门。值得注意的是，尽管部分产业国有资本比重有所降低，但在这些产业中的国有资本绝对量却成倍增加了。

表4-3　　国有资本在各大类产业中的分布变化情况　　单位：%

大类产业	2000年	2018年	变动率
01 农林牧渔业	1.51	0.80	-46.90
02 工业	56.70	29.79	-47.46
03 建筑业	2.17	6.28	189.30
04 地质勘查和水利管理业	1.28	1.02	-20.04
05 交通运输和仓储业	12.62	14.48	14.69
06 邮电通信业	10.83	4.04	-62.68
07 批发和零售贸易餐饮业	5.30	4.15	-21.80
08 房地产业	1.63	8.90	444.76
09 信息技术服务业	0.56（2002年）	0.45	-18.70
10 社会服务业	1.98	23.75	1102.04
11 卫生体育和社会福利业	0.04（2001年）	0.21	457.58
12 教育、文化艺术及广播电影电视业	1.01（2001年）	0.96	-5.04
13 科学研究和综合技术服务业	0.38（2001年）	1.25	233.93
14 机关社团及其他	8.88（2001年）	3.91	-55.99
合计	104.89	100.00	

注：1. 财政部大类产业的统计口径，自2000年以来进行过2次调整。（1）2000年时，只统计9个大类产业。分别是01农林牧渔业，02工业，03建筑业，04地质勘查和水利管理业，05交通运输和仓储业，06邮电通信业，07批发和零售贸易餐饮业，08房地产业，10社会服务业。（2）2001年，新增4个大类产业。分别是11卫生体育和社会福利业，12教育，文化艺术及广播电影电视业，13科学研究和综合技术服务业，14机关社团及其他。新增产业国有资本占当年总国有资本的9.73%。（3）2002年，新增1个大类产业，即09信息技术服务业。本书以2000年为基年进行比较分析，用相近年份的数据补充2000年5个大类产业的缺失数据，这种做法略微高估了其他9个产业的国有资本配置比重，但影响不大（2000年各大类产业比重之和仅略微高于100.00%）。2. 部分大类产业2017～2018年的国有资本数据有所缺失，本书以2016年国有资本数据为基准，使用2017～2018年各大类产业的资本积累率推算得出。

资料来源：Wind数据库和财政部。

2. 工业部门内部层面

观察2000～2018年工业部门内部40个子产业①国有资本占全部工业部门国有资本比重的变化情况发现，多数产业国有资本比重有所下降，但同时有13个产业的国有资本比重有所提高。例如，煤炭开采和洗选业国有资本占全部工业部门国有资本的比重从2000年的3.82%，提高到2018年的7.69%；烟草制品业国有资本占全部工业部门国有资本的比重从2000年的3.21%，提高到2018年的4.53%；交通运输设备制造业国有资本占全部工业部门国有资本的比重从2000年的7.09%，提高到2018年的9.63%；电力、热力生产和供应业国有资本占全部工业部门国有资本的比重从2000年的20.14%，提高到2018年的28.04%。此外，黑色金属矿采选业，有色金属矿采选业，酒、饮料和精制茶制造业，有色金属冶炼和压延加工业，金属制品业，废弃资源综合利用业（相对于最早有统计数据的2003年），金属制品、机械和设备修理业（相对于最早有统计数据的2012年），燃气生产和供应业，水的生产和供应业国有资本占全部工业部门国有资本的比重均有所提升。

① 注：国家统计局对工业部门子产业的统计口径，自2000年以来进行过2次调整。（1）2000年时，只统计39个子产业。（2）2003年，将原属于工业部门的木材及竹材运业划归到农业部门，新增了废弃资源和废旧材料回收加工业。（3）2012年在2003年调整的基础上，新增开采辅助活动业和金属制品、机械和设备修理业，将橡胶制品业和塑料制品业合并为橡胶和塑料制品业，并将交通运输设备制造业拆分为汽车制造业和铁路、船舶、航空航天和其他运输设备制造业，因此自2012年起至今，国家统计局对工业部门的统计口径包括41个子产业。故本书在进行数据处理时进行了相应调整，具体情况如下：（1）在2000～2002年剔除木材及竹采运业；（2）在2000～2011年将橡胶制品业和塑料制品业合并为橡胶和塑料制品业；（3）在2012～2018年，将汽车制造业和铁路、船舶、航空航天和其他运输设备制造业合并为交通运输设备制造业。调整后的数据共包含40个子产业，依次是：01煤炭开采和洗选业，02石油和天然气开采业，03黑色金属矿采选业，04有色金属矿采选业，05非金属矿采选业，06开采辅助活动业，07其他采矿业，08农副食品加工业，09食品制造业，10酒、饮料和精制茶制造业，11烟草制品业，12纺织业，13纺织服装、服饰业，14皮革、毛皮、羽毛及其制品和制鞋业，15木材加工及木、竹、藤、棕、草制品业，16家具制造业，17造纸和纸制品业，18印刷和记录媒介复制业，19文教、工美、体育和娱乐用品制造业，20石油加工、炼焦及核燃料加工业，21化学原料及化学制品制造业，22医药制造业，23化学纤维制造业，24橡胶和塑料制品业，25非金属矿物制品业，26黑色金属冶炼及压延加工业，27有色金属冶炼及压延加工业，28金属制品业，29通用设备制造业，30专用设备制造业，31交通运输设备制造业，32电气机械和器材制造业，33计算机、通信和其他电子设备制造业，34仪器仪表制造业，35其他制造业，36废弃资源综合利用业，37金属制品、机械和设备修理业，38电力、热力生产和供应业，39燃气生产和供应业，40水的生产和供应业。

4.2.3　工业部门各子产业中的国有资本比重的变化情况

与国有资本从工业部门整体战略性退出相对应，工业部门各子产业中的国有资本比重也大幅下滑。表4－4对比了2000年和2018年工业部门各子产业上游度及国有资本比重变化情况。

表4－4　　工业部门各子产业上游度及国有资本比重变化情况

工业细分产业	2000年（%）	2018年（%）	期初期末变化（%）	2017年上游度	上中下游划分
烟草制品业	99.01	99.52	0.51	2.33	下
石油和天然气开采业	98.47	97.55	－0.91	4.92	上
电力、热力生产和供应业	89.49	88.50	－0.99	4.29	上
水的生产和供应业	92.21	83.17	－9.04	2.55	下
开采辅助活动业	84.83	80.91	－3.92	3.96	中
煤炭开采和洗选业	93.28	73.88	－19.40	4.95	上
金属制品、机械和设备修理业	43.76	69.10	25.34	4.04	上
黑色金属矿采选业	84.75	65.50	－19.25	4.92	上
石油加工、炼焦和核燃料加工业	90.73	63.02	－27.70	4.05	上
有色金属矿采选业	70.10	55.79	－14.31	4.92	上
燃气生产和供应业	94.95	52.28	－42.68	3.03	下
黑色金属冶炼和压延加工业	85.74	50.69	－35.05	3.87	中
交通运输设备制造业	76.70	44.97	－31.73	2.28	下
酒、饮料和精制茶制造业	59.33	39.39	－19.94	2.33	下
有色金属冶炼和压延加工业	70.44	34.44	－36.00	3.87	中
非金属矿采选业	74.45	28.48	－45.97	3.96	中
化学原料和化学制品制造业	65.86	24.55	－41.31	3.91	中
计算机、通信和其他电子设备制造业	50.45	19.77	－30.68	3.99	上
专用设备制造业	56.95	18.10	－38.85	2.33	下

续表

工业细分产业	2000年（%）	2018年（%）	期初期末变化（%）	2017年上游度	上中下游划分
印刷和记录媒介复制业	50.33	16.58	-33.75	3.83	中
非金属矿物制品业	47.12	16.49	-30.63	2.73	下
化学纤维制造业	70.75	15.75	-54.99	3.91	中
医药制造业	57.91	15.54	-42.37	3.91	中
通用设备制造业	55.31	15.50	-39.80	3.07	下
仪器仪表制造业	38.50	12.84	-25.67	3.56	中
电气机械和器材制造业	33.20	10.43	-22.77	3.23	中
其他制造业	7.66	10.31	2.66	3.45	中
金属制品业	18.29	9.35	-8.94	3.30	中
造纸和纸制品业	42.25	8.57	-33.68	3.83	中
食品制造业	35.85	7.41	-28.44	2.33	下
废弃资源综合利用业	3.77	6.19	2.43	4.90	上
橡胶和塑料制品业	27.17	5.47	-21.70	3.91	中
纺织业	38.77	5.35	-33.42	4.07	上
农副食品加工业	34.42	3.70	-30.72	2.33	下
纺织服装、服饰业	10.67	3.32	-7.34	2.32	下
木材加工和木、竹、藤、棕、草制品业	29.83	3.21	-26.62	2.96	下
文教、工美、体育和娱乐用品制造业	16.50	2.45	-14.05	3.83	中
家具制造业	11.84	2.09	-9.76	2.96	下
皮革、毛皮、羽毛及其制品和制鞋业	4.85	1.54	-3.31	2.32	下
其他采矿业	47.06	0.00	-47.06	3.96	中
平均	66.22	36.84	-29.37		

资料来源：国家统计局、笔者计算。

由表4-4可以看出，从2000年到2018年，工业部门40个子产业中，国有资本比重下降的有36个，仅烟草制品业（上升0.51%），废弃资源综合利用业（上升2.43%），其他制造业（上升2.66%），金属制品、机械和设备修理业（上升25.34%）等4个产业的国有资本比重有所上升。2000~2018年，工业部门各子产业中，国有资本比重下降幅度超过30%的产业有17个，分别是：化学纤维制造业（下降54.99%），其他采矿业（下降47.06%），非金属矿采选业（下降45.97%），燃气生产和供应业（下降42.68%），医药制造业（下降42.37%），化学原料和化学制品制造业（下降41.31%），通用设备制造业（下降39.80%），专用设备制造业（下降38.85%），有色金属冶炼和压延加工业（下降36.00%），黑色金属冶炼和压延加工业（下降35.05%），印刷和记录媒介复制业（下降33.75%），造纸和纸制品业（下降33.68%），纺织业（下降33.42%），交通运输设备制造业（下降31.73%），农副食品加工业（下降30.72%），计算机、通信和其他电子设备制造业（下降30.68%），非金属矿物制品业（下降30.63%）。

尽管国有资本比重在工业部门各产业中大幅下滑，但是即使在2018年，仍有12个子产业的国有资本比重超50%，国有资本在烟草制品业（99.52%），石油和天然气开采业（97.55%），电力、热力生产和供应业（88.50%），水的生产和供应业（83.17%），开采辅助活动业（80.91%）等5个产业中的比重甚至超过80%。其他国有资本占比靠前的产业有：煤炭开采和洗选业（73.88%），金属制品、机械和设备修理业（69.10%），黑色金属矿采选业（65.50%），石油加工、炼焦和核燃料加工业（63.02%），有色金属矿采选业（55.79%），燃气生产和供应业（52.28%），黑色金属冶炼和压延加工业（50.69%），国有资本在这些产业仍占主导地位。

值得注意的是，2018年国有资本比重超过50%的12个工业子产业中，除水的生产和供应业与燃气生产和供应业等公用事业单位，以及烟草制品业这一国家有巨额垄断利润的产业以外，其他9个子产业全部位于产业链中上游，而石油和天然气开采业等7个产业更是高居产业链上游。与此同时，在所有10个上游产业中，除计算机、通信和其他电子设备制造业，废弃资源综合利用业与纺织业等3个产业进入壁垒较低，由非国有资本占主导外，其他7个上游产业全部由国有资本占主导地位。表明国有资本在产业链上游仍占绝对主导地位。

总的来说，2000~2018年，国有资本从农业部门和工业部门相对退出，进入交通运输和仓储业、房地产业、社会服务业等服务业部门。具体到工业部门内部，尽管国有资本比重在大部分产业有所降低，但是国有资本在石油和天然气开采业，电力、热力生产和供应业，煤炭开采和洗选业等上游产业仍占绝对主导地位。

4.3 国有企业上游度及其上游垄断势力的变化情况[①]

4.3.1 国有企业上游度的变化情况

本节根据4.1节所测产业上游度，构建省际层面的国有企业上游度指标：

$$pups_{pt} = \frac{\sum_{i \in p} asset_{it} \cdot U_{it}}{\sum_{i \in p} asset_{it}} \tag{4.9}$$

其中，$asset_{it}$为p省份i产业t时期国有工业企业的总资产，以此为权重对产业上游度进行加权平均，测算出省份p在t时期的国有企业上游度。$pups_{pt}$越大表明该省份的国有企业越集中于产业链的上游，反之则表明该省份的国有企业越集中于产业链的下游。本节首先介绍数据来源和数据处理过程，其次给出各地区国有企业上游度的测算结果，最后介绍地区国有企业上游度与国有企业份额的联合分布情况。

1. 数据来源与数据处理

为计算各省份国有企业上游度，本节分三步进行处理。

第一步，对各省份分产业国有工业企业总资产进行汇总，数据来源于各省份历年统计年鉴。以统计年鉴上的各省份分行业国有企业“资产

① 由于非工业部门相关数据不可获取，本节除特别说明外，所有有关“国有企业”的指标均指“国有工业企业”的相应指标，产业上中下游的划分也参考工业部门内部的划分（参见表4－2）。

总计/合计”指标代表总资产。对于缺少“资产总计/合计”的某些省份的某些年份，以“流动资产”与“固定资产”之和代替；对于既没有“资产总计/合计”指标，又缺少“流动资产”与“固定资产”指标的省份和产业，以“总产值”指标代替①。具体来说，北京1993年、河北1993年、山西1993～1994年、吉林1993～1994年、黑龙江1993年、上海1993～1994年、浙江1993～1994年、安徽1993～1994年、福建1993～1997年、江西1993～1997年、湖北1993～2005年、湖南1995～2004年、山东1993～1994年、河南1993年、广东1993～1994年、广西1993～2007年和2009～2010年、云南1993年、青海1993～2000年缺少“资产总计/合计”指标，以“流动资产”与“固定资产”之和代替；湖北2007年、宁夏1993～2017年既没有“资产总计/合计”指标，又缺少“流动资产”与“固定资产”指标，以“总产值”指标代替。

第二步，由于统计年鉴上的产业分类比投入产出表上的产业分类更细，故以投入产出表产业分类为准，对统计年鉴上相关产业的总资产进行归并。在归并时，有个别年份的个别产业需要特别说明：其一，1992年和1995年中国投入产出表将“石油化工及炼焦业”拆分为“石油化工”与“炼焦业”，并将“炼焦业”与“煤气及煤制品业”合并为“炼焦、煤气及煤制品业”。在进行产业归并时，将统计年鉴中的“石油化工与炼焦业”归入“石油化工业”，将“煤气生产和供应业”归入“炼焦、煤气及煤制品业”。其二，在所有年份中，将“武器弹药制造业”并入“专用设备制造业”或“通用、专用设备制造业”。其三，2011年各省份统计年鉴中的“金属制品、机械和设备修理业”无法归入投入产出表中的任何一个产业，故将其数据予以删除。最后，1993～2001年的“机械设备修理业”，以及1997～2002年的“废品废料”在统计年鉴上并无相应的数据可以并入。

第三步，以归并后的各省份分产业国有工业企业总资产为权重，

① 由于这些数据最终用于对产业上游度进行加权平均以计算省际层面的上游度指标，此处暗含的假设是相应省份各产业的总产值比重与总资产比重相同。这一假设可能不尽合理，幸运的是，仅宁夏1993～2017年和湖北2007年缺少总资产指标而用总产值进行替代。当然，在对这两省份国有企业上游度进行具体分析时需要格外注意。

对各产业上游度指数进行加权，得出各省份国有工业企业的平均上游度指数①。部分省份的部分年份存在缺失数据，对缺失值的处理如下：(1) 删除法。剔除数据缺失严重（缺失年份过半）的西藏、海南、甘肃和吉林。(2) 插值法。由于历年统计口径存在差异，各省份国有企业上游度指数存在结构变动，通过观察各省份均值历年走势图，判定1997 年、2002 年、2005 年、2007 年、2012 年和 2015 年为变动年份。根据缺失数据是否覆盖整个非变动区间，分两类进行插值。①如果缺失数据并非覆盖整个变动区间，在同一变动区间内，用缺失数据两端的可得数据的平均值进行插值，若两端数据并非同时可得，则根据最近的可得数据进行前向或后向插值。②如果缺失数据覆盖了整个变动区间，则取与该变动区间临近的另一变动区间的可得数据取值最相近省份相应年份的可得数据替代。判定取值相近的标准是相应年份平均值的差率最小。例如，内蒙古 1993 ~1997 年的数据缺失，其中 1997 年的缺失数据用 1998 年的替代，而对于 1993 ~ 1996 年的缺失数据，计算内蒙古 1998 ~ 2001 年国有企业上游度的平均值，对比其他省份在 1998 ~2001 年的上游度平均值发现，黑龙江的平均值与内蒙古最为接近，仅相差 0. 90%，故用黑龙江 1993 ~1996 年的上游度指标替代内蒙古相应年份的缺失数据。其他使用该方法进行替代的数据是，辽宁 1993 ~ 1996 年的缺失数据用河北相应年份的数据替代，上海和云南 2012 ~2017 年的缺失数据用重庆相应年份的数据替代。由此，本书得到 27 个省份 1993 ~2017 年的国有企业上游度指标。

2. 各省份国有企业上游度

表 4 –5 列出了各省份国有企业 1993 ~2017 年的平均上游度指数及其标准差（按上游度从高到低排序）。同时参考世界银行的划分标准，根据经济发展水平将中国分为 6 个经济区域：东北、环渤海、东南、中部、西南和西北。这一划分方法相对于东中西部划分更有经济含义（聂辉华等，2008）。从表 4 –5 可以看出，各省份国有企业上游度存在明显差异，上游度水平最高的新疆（4. 48），比上游度最低的

---

① 需要注意的是，国家统计局对国有企业的定义在不同年份是不同的。在有些年份国有企业仅指国有独资企业，在另一些年份则指国有独资企业和国有控股企业。本书所言国有企业包括全部国有独资企业和国有控股企业。

云南（3.39）高出32%。各省份平均上游度水平为3.91。分地区而言，西北及东北地区的黑龙江上游度水平普遍偏高，这些地区多为重要的煤炭、石油、金属等资源型省份，而这类产业多居于产业链顶端。环渤海地区和中部的河南等省份是中国重要的重化工业基地，其上游度水平也较高。东南地区轻工业和服务业较为发达，其上游度指数全部位于平均水平以下。西南各省份虽然也是重要的资源型省份，但其国有企业多集中于烟草、食品、木材等处于产业链下游的产业，故其平均上游度水平也不高。中部五省份的上游度水平大体随着地理位置从北到南逐渐降低。总体而言，中国各地区国有企业上游度水平呈现出西、北高，东、南低的趋势，一定程度上反映了中国国有企业的区域投入产出关系，即西北地区国有企业在产业链上的位置相对靠上，主要提供中间投入品；东南地区国有企业在产业链上的位置更靠近下游，主要生产最终消费品。

表4-5　1993~2017年各省份国有工业企业平均上游度指数及其标准差

区域	省份	上游度	标准差	区域	省份	上游度	标准差
西北	新疆	4.48	2.46	东南	福建	3.86	2.71
西北	青海	4.36	2.50	东南	浙江	3.85	2.39
西北	山西	4.36	3.26	东南	广东	3.84	2.60
西北	宁夏	4.21	2.83	东北	辽宁	3.84	1.55
西北	内蒙古	4.19	2.79	西南	贵州	3.79	2.93
东北	黑龙江	4.16	2.48	中部	江西	3.75	1.89
环渤海	河北	4.03	2.35	东南	江苏	3.71	2.18
环渤海	山东	4.01	2.41	西南	广西	3.69	2.43
西北	陕西	4.00	3.17	中部	湖北	3.65	1.63
中部	河南	4.00	2.68	中部	湖南	3.60	1.79
环渤海	天津	3.98	2.28	东南	上海	3.60	1.55
环渤海	北京	3.94	2.91	西南	重庆	3.53	1.81
中部	安徽	3.90	2.49	西南	云南	3.39	2.28
西南	四川	3.88	2.50		平均	3.91	2.40

资料来源：笔者计算。

为了更好地观察各省份国有企业上游度的变化趋势，画出其变化趋势图，如图4－2所示。从各省份平均水平来看，国有企业上游度整体上处于不断上升的趋势，具体而言，20世纪90年代，随着国家“抓大放小”的国有企业改革政策的实施，国有企业开始退出下游竞争性产业，国有企业上游度有所攀升。2001年中国加入世界贸易组织之后，下游产业竞争性加强，国有企业在价值链上的位置表现出明显的攀升趋势，2007年之后，国有企业基本完成了在产业链上的结构调整。在国家行政垄断措施下，私有资本（包括国外资本）很难进入产业链上游，因此国有企业上游度趋于平稳，2012～2014年甚至有小幅下降，之后则略有回升，并趋于平稳。分地区来看，各省份变化趋势与全国平均水平大体同步，但不同省份在变化幅度上差别明显。从各省份历年国有企业上游度的标准差（见表4－5）来看，最高的山西省（3.26）是最低的辽宁省（1.55）的两倍多。具体而言，西北地区普遍变化幅度较大，其地区各省份变化幅度却并不均匀，同一地区不同省份间产业差异化发展趋势明显，表明不同省份间分工水平有所提高。

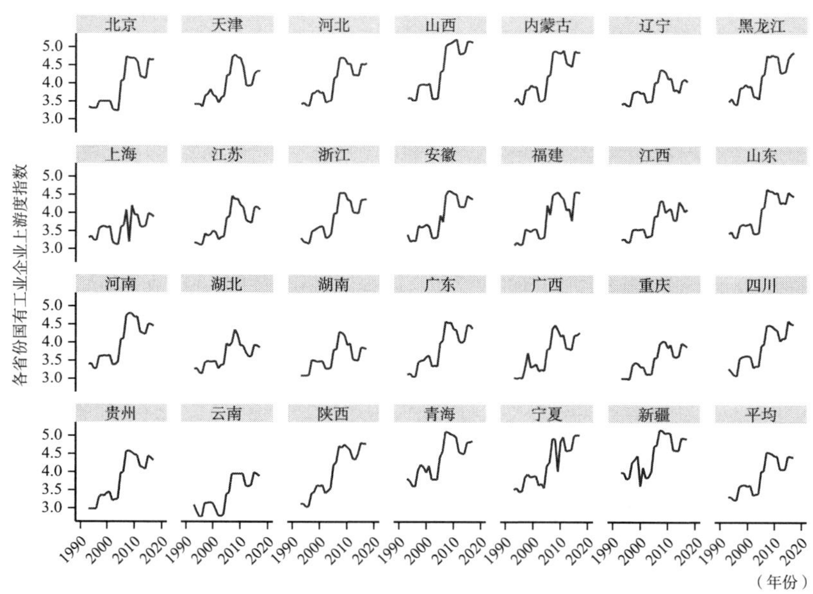

图4－2　1993～2017年各省国有工业企业上游度指数

资料来源：笔者绘制。

3. 地区国有企业上游度与国有企业份额的联合分布

各省份国有企业上游度变迁的影响力跟各省份国有企业份额密切相关。为此，以 2017 年为例，将各省份国有企业上游度与国有企业份额画在同一个图里，见图 4－3。纵轴表示国有企业上游度偏离各省份平均水平的程度，横轴表示国有企业份额偏离各省份平均水平的程度。根据国有企业上游度和国有企业份额与平均水平的相对大小，共可分四种情况分析。其中，第一象限表示高上游度与高国有企业份额的组合，第二象限表示高上游度与低国有企业份额的组合，第三象限表示低上游度与低国有企业份额的组合，第四象限表示低上游度与高国有企业份额的组合。从图 4－3 可以看出，大多数省份处于第一象限的“高—高”组合和第三象限的“低—低”组合，也有部分省份位于第二象限的“高—低”组合，仅贵州和云南两省位于第四象限的“低—高”组合。具体而言，西北地区的新疆、内蒙古、宁夏、陕西等省份不但具有高的国有企业上游度，而且国有企业份额也较高。西北的山西和东北的黑龙江等省份虽然具有高的国有企业上游度，但其国有企业份额却不高。除福建外的东

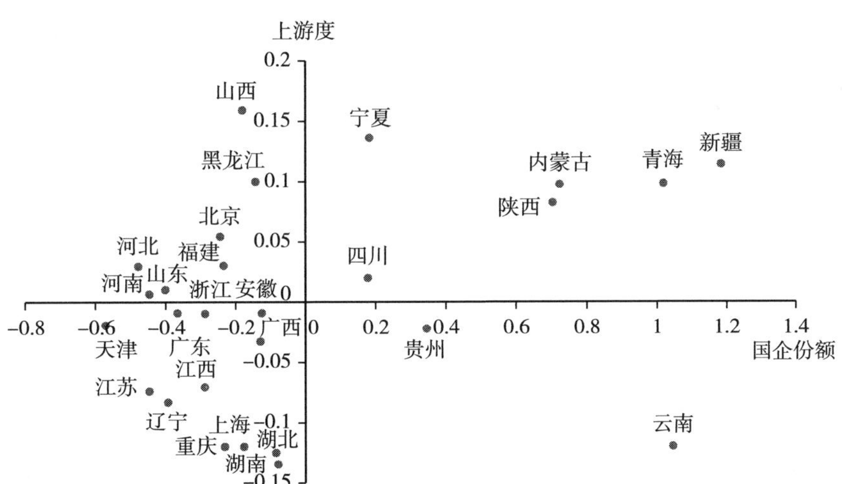

图 4－3　各省份国有工业企业上游度与国有企业份额

注：国有企业份额以各省国有企业固定资产投资额占所在省份固定资产投资额的比重表示。
资料来源：笔者根据 Wind 数据库相关数据绘制。

南地区，以及除河南外的中部地区全部位于第三象限，其国有企业普遍位于产业链的下游，并且国有企业份额也不高。环渤海地区除天津外全部位于第二象限，即同时具有高的国有企业上游度和低的国有企业份额。西南地区各省份差别较大，散布于除第二象限以外的其他三个象限。就整体而言，中国各区域不同省份的国有企业上游度和国有企业份额的联合分布具有趋同性，表明区域内各省份的经济结构具有一定的相似度。

4.3.2 国有企业上游垄断势力的变化情况

为考察国有企业在产业链上下游的垄断势力及其动态变迁，图4－4（a）和图4－4（b）给出了2000～2017年国有工业企业在产业链上、中、下游的资产份额。由图4－4（a）可以看出，国有企业在产业链上游的资产份额虽然有所下降，但仍居于主导地位，2014年以后甚至有所提升；相反，在中下游竞争性市场，国有企业逐步退出，非国有企业取代国有企业居于主导地位。图4－4（b）以2000年为基期显示了国有企业资产份额的相对变化，结果显示，2000～2017年，国有企业资产份额在产业链上中下游都有所降低，但国有企业资产份额在中下游市场下降更快，这在2008年之前尤其明显。

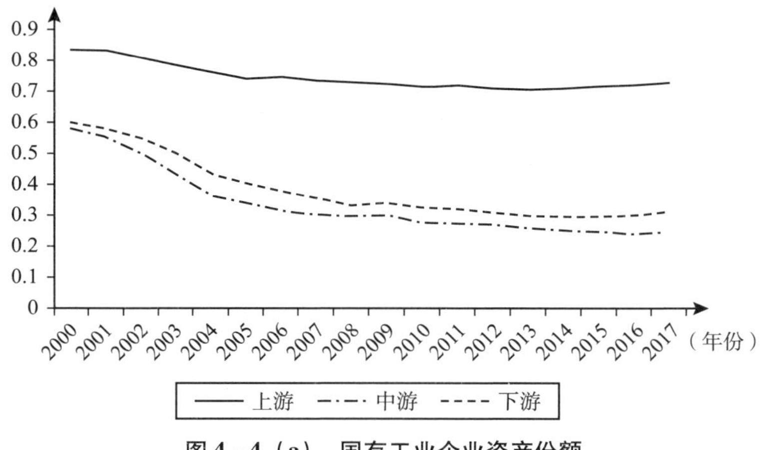

图4－4（a） 国有工业企业资产份额

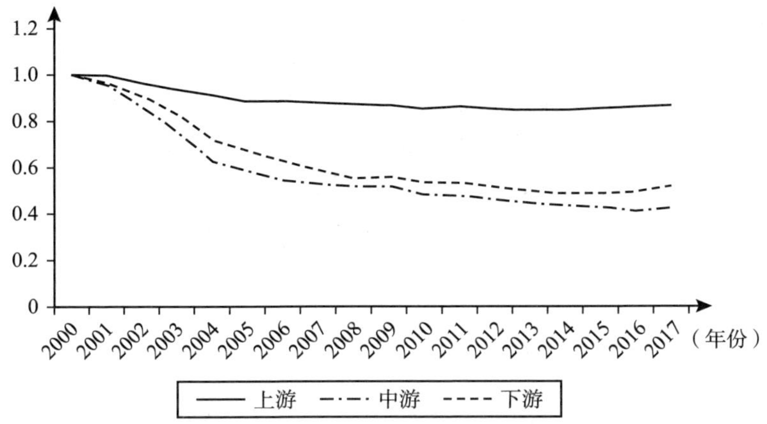

图4－4（b） 国有工业企业资产份额（2000年＝100）

图4－4（c）～图4－4（e）从不同角度刻画了国有企业在产业链上下游的分布情况。从图4－4（c）可以看出，2000年，在产业链上游，国有企业在除企业单位数以外的所有维度相对非国有企业居于绝对主导地位；在产业链下游，国有企业在企业单位数、主营业务收入、利润总额和工业销售产值等方面的市场份额略低于非国有企业，但下游国有企业资产总计却高于非国有企业。对比图4－4（d）和图4－4（c）可以看出，经过十几年的发展，国有企业退出了下游产业，但在上游产业

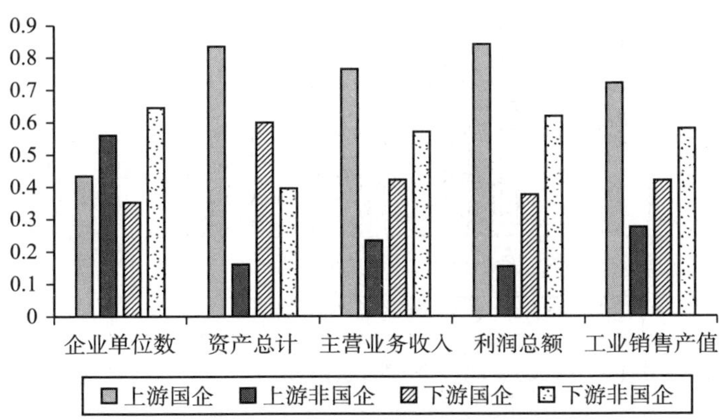

图4－4（c） 2000年国有工业部门不同类型市场份额

仍相对非国有企业居于主导地位（企业单位数除外）。上游国有企业资产总计、主营业务收入、利润总额和工业销售产值高于非国有企业，但企业单位数却远低于非国有企业，表明国有企业规模远高于非国有企业。图4-4（e）给出了2000~2017年国有企业不同类型平均市场份额。总体而言，国有企业在产业链上游居于主导地位（企业单位数除外），产业链下游则由非国有企业占主导。

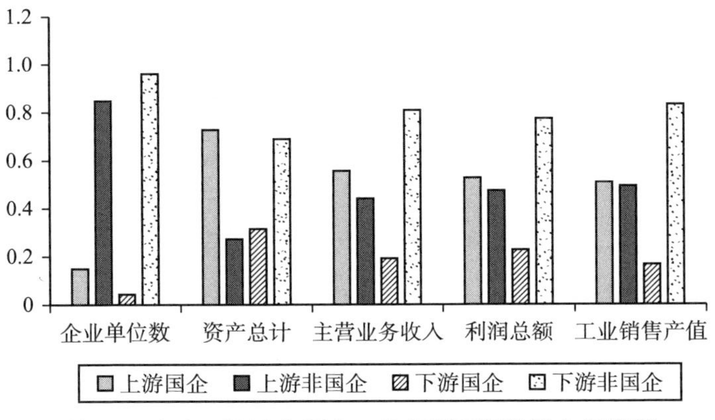

图4-4（d） 2017年国有工业部门不同类型市场份额

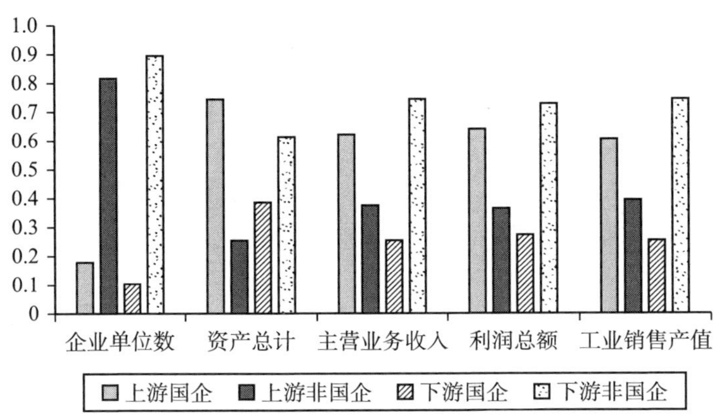

图4-4（e） 2000~2017年国有工业部门不同类型平均市场份额

注：各国有企业市场份额指标由国有控股工业企业各项指标占规模以上工业企业相应指标的比值得出。各产业上中下游的划分标准以根据2015年中国投入产出表测出的产业上游度为依据。另外，2017年工业销售产值的数据缺失，图4-4（d）中以2016年的数据替代，图4-4（e）中工业销售产值数据取2000~2016年平均值。

资料来源：笔者根据国家统计局数据绘制。

为进一步说明产业链上游单个国有企业市场份额的变迁，图4－5以2000年为基期给出了上游国有企业资产份额与企业单位数份额的相对变化。从图4－3可以看出，产业链上游国有企业资产份额虽然有所下降，但上游国有企业单位数下降更快，因此，单位国有企业市场份额其实是所有增加的，一定程度上说明上游国有企业垄断势力的增强。

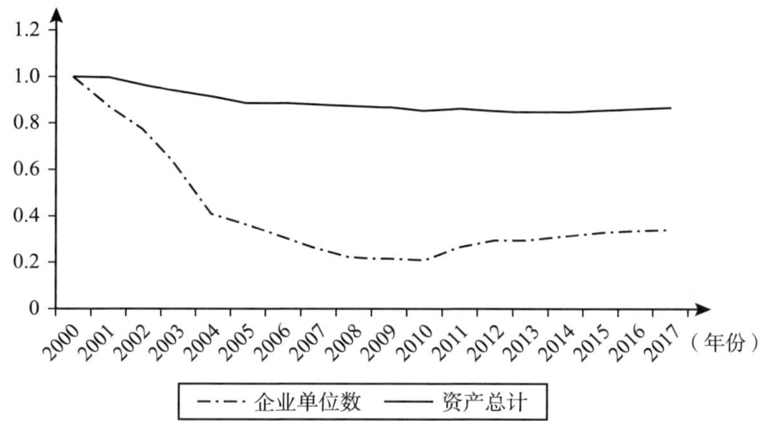

图4－5　上游国有工业企业资产份额和企业单位数份额的相对变化（2000年＝100）

注：各产业上中下游的划分标准以根据2015年中国投入产出表测出的产业上游度为依据。
资料来源：笔者根据国家统计局数据绘制。

4.3.3　国有企业上游化攀升与其上游垄断势力增强的关系

国有企业企业上游化攀升是否意味着国有企业在产业链上游的垄断势力增强？现有研究中，王永进和刘灿雷（2016）发现2003～2007年国有企业上游化攀升的时期，伴随着明显的国有份额上升和企业国有化[①]现象，他们据此认为2003～2007年国有企业上游化攀升的时期，国有企业在上游产业的垄断势力也进一步增强了，国有企业上游化攀升与国有企业上游垄断势力增强具有相关性。受他们的启发，本书通过考察国有企业上游度与国有企业上游垄断势力的协同程度判断二者的相关性，如图4－6所示。图4－6中，用上游国有工业企业资产份额与企业

① 即非国有企业转为国有企业。

单位数份额的比值衡量国有企业上游垄断势力，对应于右侧坐标轴，国有企业上游度对应于左侧坐标轴。从图4－6可以看出，国有企业上游度与国有企业上游垄断势力的变化趋势高度趋同，二者具有很强的相关性，表明国有企业上游化攀升的同时，伴随着国有企业上游垄断势力的增强。

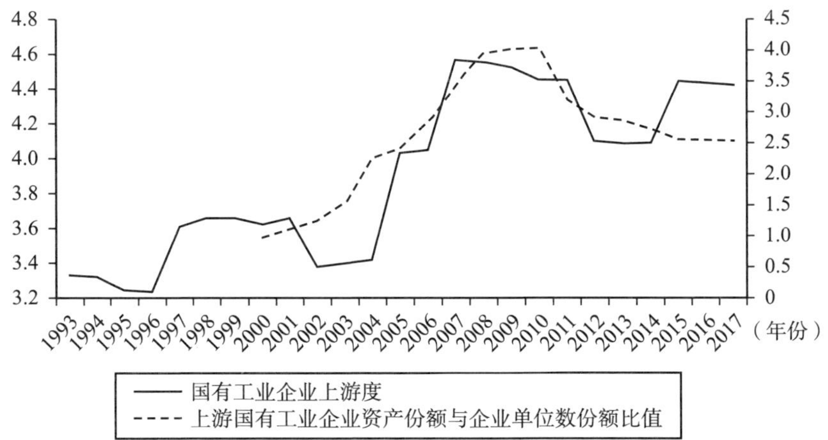

图4－6 国有企业上游化攀升与上游垄断势力增强的对应关系

注：国有工业企业上游度指数取自图4－2中的全国平均国有工业企业上游度指数，而上游国有工业企业资产份额与企业单位数份额取自图4－5以2000年为基期的上游国有工业企业资产份额和企业单位数份额。

资料来源：笔者绘制。

4.4 本章小结

本章首先基于安特拉斯等（2012）提出的测算方法，利用历年中国投入产出表测算了各产业上游度；其次考察了国有资本在整个国民经济、各大类产业，以及工业部门各子产业中的布局和相对地位的变化；最后基于产业上游度的测算结果，考察了国有工业企业在产业链中的分布变化情况，并以各省份国有工业企业产业份额为权重，测算各省份国有企业上游度。研究发现，20世纪90年代以来，国有工业企业基本退出了下游竞争性产业，下游由非国有企业占主导地位。但国有企业在上游部门仍占据主导地位，且单个国有企业市场份额有所增加，一定程度上反映了国有企业在上游的垄断势力有所增强。就各地区国有企业上游度而言，中国大体呈现出西、北高，东、南低的空间布局，一定程度上反映了中国国有企业的区域投入产出关系，即西北地区国有企业在产业链上的位置相对靠上，主要提供中间投入品；东南地区国有企业在产业链上的位置更靠近下游，主要生产最终消费品。通过考察国有企业上游度与国有企业上游垄断势力的协同程度发现，二者具有很强的相关性，表明国有企业上游化攀升的同时，伴随着国有企业上游垄断势力的增强。

第5章 中国资源配置效率水平的测算

本章基于布兰特等（2013）的数理模型，分别构建地区间和产业间要素配置扭曲程度的测算框架，并基于省际和大类产业数据分别测算地区间和产业间要素配置扭曲所导致的 TFP 损失程度。

5.1 地区间要素配置扭曲程度的测算

长期以来，由于各级地方政府最大化本地经济增长而忽视整体效率的行为，中国一直存在着较为严重的地区间的市场分割问题（邓明，2014），导致劳动和资本等生产要素的跨地区流动受到阻碍，地区间要素配置扭曲问题比较突出。打破地区间市场分割，促进生产要素在全国范围内自由流动，是实现资源优化配置，提高 TFP 和经济发展水平的重要途径。

分析现有关于中国地区间要素配置扭曲程度测算的文章，发现已有研究多数基于谢和克洛诺（2009）所提出的异质性企业模型，并使用 1998 ~2007 年中国工业企业数据计算地区间要素配置扭曲所导致的 TFP 损失程度。尽管异质性企业的假设更符合现实情况，同时企业数据对分析要素配置扭曲的微观机制（如企业的进入、退出行为对要素配置扭曲的影响）至关重要，但是当前比较全面的微观企业数据较难获得，而且通常使用的中国工业企业数据多数为制造业企业数据，公开的时间序列较短且较为陈旧。因此，为全面、长时间地考察中国整体的要素配置扭曲程度，尤其是 2008 年全球金融危机前后要素配置扭曲的变动趋势，有必要使用可得性更强的地区层面数据。

本节基于布兰特等（2013）数理模型的简化和修改，提出用于测算地区间要素配置扭曲所致TFP损失程度的测算框架，利用该测算框架及1993~2017年地区层面数据，实证分析地区间要素配置扭曲程度及其变动趋势。

5.1.1　地区间要素配置扭曲程度的测算框架

1. 基本假定

（1）地区生产函数。假设经济中有M个地区，生产函数为Cobb-Douglas形式，其中，地区i的生产函数为：

$$Y_i = A_i L_i^{\alpha} K_i^{1-\alpha}，\ 0<\alpha<1，\ i=1，\cdots，M \tag{5.1}$$

其中，Y_i、A_i、L_i、K_i 分别代表地区i的实际产出、TFP、劳动要素投入和资本要素投入，参数α为地区中劳动的产出弹性。

（2）总体经济的生产函数。假设社会总产出是各地区产出的加总，服从不变替代弹性（constant elasticity of substitution，CES）的加总形式：

$$Y = \left(\sum_{i=1}^{M} \omega_i Y_i^{\frac{\sigma-1}{\sigma}}\right)^{\frac{\sigma}{\sigma-1}} \tag{5.2}$$

其中，σ是不同地区之间的替代弹性，$\omega_i = \frac{1}{T}\sum_{t=1}^{T}\frac{P_i(t)Y_i^{\frac{1}{\sigma}}(t)}{\sum_{i=1}^{M}P_i(t)Y_i^{\frac{1}{\sigma}}(t)}$ 是地区i产出占总产出的比重，t=1，…，T代表时间，P_i 为地区i的价格水平。

（3）要素配置和总体TFP。假设全社会总的劳动和资本为各地区加总，则社会总体的劳动和资本要素投入分别为：

$$L = \sum_{i=1}^{M} L_i\ ,\ K = \sum_{i=1}^{M} K_i \tag{5.3}$$

定义 $l_i = \frac{L_i}{L}$，$k_i = \frac{K_i}{K}$ 分别为地区i的劳动和资本要素投入占经济总体的比重。假定每年经济总体的劳动和资本为外生给定，则序列$\{l_i，k_i\}$，i=1，…，M代表了劳动和资本在不同地区间的配置状态。

根据索罗余值法，地区TFP定义为地区产出中扣除劳动和资本以外的因素，即：

$$A_i = \frac{Y_i}{L_i^{\alpha} K_i^{1-\alpha}} \tag{5.4}$$

假设总体生产函数服从 Cobb - Douglas 形式，即 $Y = AL^{\alpha}K^{1-\alpha}$，则社会总体的 TFP 为：

$$A = \frac{Y}{L^{\alpha}K^{1-\alpha}} = \frac{\left(\sum_{i=1}^{M} \omega_i Y_i^{\frac{\sigma-1}{\sigma}}\right)^{\frac{\sigma}{\sigma-1}}}{L^{\alpha}K^{1-\alpha}} = \left[\sum_{i=1}^{M} \omega_i \left(A_i l_i^{\alpha} k_i^{1-\alpha}\right)^{\frac{\sigma-1}{\sigma}}\right]^{\frac{\sigma}{\sigma-1}} \tag{5.5}$$

定义使总体 TFP（或等价的，社会总产出）最大化的要素配置为有效配置，相应的 TFP 称为有效 TFP。如果存在要素配置扭曲，则实际要素配置状况就会偏离有效配置，导致实际 TFP 低于有效 TFP，本书正是以 TFP 损失程度作为要素配置扭曲程度的度量指标。

本小节余下内容将分别讨论有效状态下的要素配置，扭曲状态下的要素配置，扭曲导致的 TFP 损失，以及要素配置扭曲程度的度量。

2. 有效状态下的要素配置①

有效状态下的要素配置等价于求解以下社会最优化问题：

$$\max_{l_i, k_i} Y$$

满足约束条件式（5.1）、式（5.2）和式（5.3）。

求解该最优化问题可得，有效状态下各地区要素投入比例和总体 TFP 分别为：

$$l_i^* = k_i^* = \frac{\omega_i^{\sigma} A_i}{\sum_{i=1}^{M} \omega_i^{\sigma} A_i} \tag{5.6}$$

$$A^* = \left(\sum_{i=1}^{M} \omega_i^{\sigma} A_i\right)^{\frac{1}{\sigma-1}} \tag{5.7}$$

3. 扭曲状态下的要素配置

社会总体的利润最大化问题可表述为：

---

① 有效状态是扭曲状态的一个特例（扭曲程度为零），为简化起见，略去了本部分的具体推导过程。

$$\max_{Y_i, i=1,\cdots,M} \{P(\sum_{i=1}^{M} \omega_i Y_i^{\frac{\sigma-1}{\sigma}})^{\frac{\sigma}{\sigma-1}} - \sum_{i=1}^{M} P_i Y_i\}$$

其中 P 为总产出的价格水平。由该最优化问题的一阶条件可得，地区 i 的价格水平为：

$$P_i = \omega_i P\left(\frac{Y_i}{Y}\right)^{-\frac{1}{\sigma}}, \ i=1, \ \cdots, \ M \tag{5.8}$$

对应的总体价格水平可以表示为地区价格水平的加总：

$$P = (\sum_{i=1}^{M} \omega_i^{\sigma} P_i^{1-\sigma})^{\frac{1}{1-\sigma}} \tag{5.9}$$

如果生产要素可以在地区间自由流动，那么生产率高的地区应能获得更多的生产要素，使得生产要素在不同地区间的使用成本相差不大。现实中地区间市场分割等因素，阻碍了生产要素的自由流动，导致地区间要素配置存在扭曲。本书借鉴布兰特等（2013）以及谢和克洛诺（2009）的做法，假设地区面临的要素配置扭曲以税收的方式体现。具体而言，以 $\tau_i^l > 0$ 和 $\tau_i^k > 0$ 分别来代表地区 i 所面临的劳动和资本扭曲税。其中，$\tau_i^j(j=l, \ k)$ 大于 1 表示地区 i 使用 j 要素的成本偏高，小于 1 则偏低。则扭曲状态下地区 i 的利润最大化问题可以表述为：

$$\max_{K_i, L_i} P_i A_i L_i^{\alpha} K_i^{1-\alpha} - \tau_i^l w L_i - \tau_i^k r K_i$$

其中，w 和 r 分别代表经济总体的工资水平和资产价格。求解该最优化问题的一阶条件为：

$$\alpha P_i A_i L_i^{\alpha-1} K_i^{1-\alpha} = \tau_i^l w \tag{5.10a}$$

$$(1-\alpha) P_i A_i L_i^{\alpha} K_i^{-\alpha} = \tau_i^k r \tag{5.10b}$$

定义 $\tilde{A}_i = \frac{A_i}{\tau_i^{l\alpha} \tau_i^{k1-\alpha}}$，可得存在扭曲的竞争市场下的要素配置：①

$$l_i = \frac{\omega_i^{\sigma} \tau_i^{l-1} \tilde{A}_i^{\sigma-1}}{\sum_{i=1}^{M} \omega_i^{\sigma} \tau_i^{l-1} \tilde{A}_i^{\sigma-1}}, \ k_i = \frac{\omega_i^{\sigma} \tau_i^{k-1} \tilde{A}_i^{\sigma-1}}{\sum_{i=1}^{M} \omega_i^{\sigma} \tau_i^{k-1} \tilde{A}_i^{\sigma-1}} \tag{5.11}$$

将式（5.11）代入式（5.5）可得存在要素配置扭曲时的总体 TFP 水平为：

① 式（5.11）的求解较为复杂，对于具体的运算过程，感兴趣的读者可以向笔者索要。

$$A=\frac{\left(\sum_{i=1}^{M}\omega_i^{\sigma}\tilde{A}_i^{\sigma-1}\right)^{\frac{\sigma}{\sigma-1}}}{\left(\sum_{i=1}^{M}\omega_i^{\sigma}\tau_i^{l-1}\tilde{A}_i^{\sigma-1}\right)^{\alpha}\left(\sum_{i=1}^{M}\omega_i^{\sigma}\tau_i^{k-1}\tilde{A}_i^{\sigma-1}\right)^{1-\alpha}} \tag{5.12}$$

当不存在要素配置扭曲时，$\tau_i^l=\tau_i^k=1$，式（5.11）和式（5.12）分别退化为前面的式（5.6）和式（5.7）。

4. 扭曲导致的TFP损失

对于任何一个给定的要素配置以及相应的总体TFP水平A，定义由要素配置扭曲所导致的总体TFP损失（即如果完全消除要素配置扭曲，实际TFP可以提升的程度）为：

$$D=\frac{A^*}{A-1}$$

进一步单独测算劳动和资本要素配置扭曲所导致的TFP损失。劳动要素配置扭曲所导致的TFP损失是劳动要素配置扭曲不存在（$\tau_i^l=1$），而资本要素配置扭曲存在时的TFP水平A^{l*}与两种要素配置扭曲都存在时的实际TFP水平A的比值：

$$D^l=\frac{A^{l*}}{A-1}$$

类似的，资本要素配置扭曲所导致的TFP损失是资本要素配置扭曲不存在（$\tau_i^k=1$），而劳动要素配置扭曲存在时的TFP水平A^{k*}与两种要素配置扭曲都存在时的实际TFP水平A的比值：

$$D^k=\frac{A^{k*}}{A-1}$$

5. 要素配置扭曲程度的度量

由式（5.10）可得，存在要素配置扭曲时地区i劳动和资本要素的绝对扭曲程度分别为：

$$\tau_i^l\propto\frac{P_iY_i}{L_i}$$

$$\tau_i^k\propto\frac{P_iY_i}{K_i}$$

由前述公式推导可知，如果所有地区的扭曲程度发生同方向同等比例的变化，并不会使经济总体的资源在各地区间重新配置。因此，可以分别用地区 i 中劳动和资本要素的平均产出来度量地区 i 的劳动和资本要素扭曲程度。为了更加直观地考察各地区劳动和资本要素的扭曲程度，对其做进一步标准化处理：

$$\overline{\tau_i^l} = \frac{P_i Y_i / L_i}{PY/L}$$

$$\overline{\tau_i^k} = \frac{P_i Y_i / K_i}{PY/K}$$

5.1.2　数据说明

本节计算中国地区间要素配置扭曲所导致的 TFP 损失程度，数据范围涵盖 30 个省级行政单位①，时间跨度为 1993 ~ 2017 年。本节计算所需要的数据来源及数据处理如下：

1. 产出

用各地区 GDP 代表名义产出，数据来源于国家统计局。本书以 1993 年为基期，根据国家统计局网站公布的“地区生产总值指数”对名义产出进行平减，换算成以不变价格计算的实际产出。

2. 劳动要素投入

劳动要素投入数据来源于各地区统计年鉴上公布的“从业人员年末人数”。其中，各地区不同年份统计年鉴上所公布的同一年份的从业人员年末人数有所出入，本书以最新年份的统计值为准。

3. 资本要素投入

采用永续盘存法对各地区物质资本存量进行估计，计算公式为：

$$K_{it} = (1 - \delta) K_{i,t-1} + I_{it} / P_{it}^I$$

其中，K_{it}、I_{it} 和 P_{it}^I 分别表示地区 i 第 t 年的物质资本存量、投资额和投资价格指数，δ 是资本折旧率。各地区投资额数据取自国家统计局

① 不含港澳台地区；此外，西藏自治区由于数据缺失较多也予以剔除。

所公布的“固定资本形成总额”①。投资价格指数取自“各地区固定资产投资价格指数”，国家统计局从1993年之后才开始公布这一数据，因此本节以1993年为数据起点②。资本折旧率采用张军等（2004）的估计，设定为9.6%。关于基期资本存量的估计，借鉴杨（2000）的方法，以基年固定资产投资额除以0.1作为当年的固定资本存量。

4. 参数设定

借鉴布兰特和朱（2010）的做法，将资本利率r设定为0.1；跨地区的产品替代弹性参考布兰特等（2013）的方法，取值为1.5；要素产出弹性α以要素收入份额来代替。谢和克洛诺（2009）认为在存在要素价格扭曲的情况下，根据中国数据计算的要素收入份额有偏差，不宜采用。他们假设美国的要素价格不存在扭曲，以根据美国数据计算得出的要素产出弹性来计算中国的要素配置扭曲。然而，本书认为，中美处于不同的发展阶段，各自有其独特的发展特征，因此根据中国现实情况测算要素产出弹性更具现实意义。因此，本节参考靳来群（2018）的做法，根据布兰特和朱（2010）所测中国劳动收入份额，将α设定为0.55。

5.1.3 地区间要素配置扭曲程度

基于上述模型并利用各地区资本要素投入、劳动要素投入和产出数据，得到1993~2017年中国地区间要素配置扭曲所导致的TFP损失程度，如表5-1所示。其中，总要素配置扭曲、劳动要素配置扭曲和资本要素配置扭曲分别根据所有要素配置无扭曲生产率A^*、劳动要素配置无扭曲生产率A^{l*}和资本要素配置无扭曲生产率A^{k*}与实际生产率A的比值计算得出。

---

① 重庆市1993~1995年的固定资本形成总额数据缺失，但相应年份的资本形成总额数据可得。假定重庆市1993~1995年资本形成总额中固定资本形成总额的比重与1996年相同，以重庆市1996年固定资本形成总额占资本形成总额的比重以及重庆市1993~1995年资本形成总额数据推算，得出重庆市1993~1995年的固定资本形成总额。

② 国家统计局网站公布的各地区固定资产投资价格指数是以上一年为基期的统计数据，本书将其换算成以1993年为基期。其中，广东省1993~2000年，海南省1993~1999年数据缺失，用浙江省的数据予以补充；重庆市1993~1996年数据缺失，用四川省的数据予以补充。

表5-1 1993~2017年地区间要素配置扭曲所致TFP损失程度

年份	总要素配置扭曲	劳动要素配置扭曲	资本要素配置扭曲	年份	总要素配置扭曲	劳动要素配置扭曲	资本要素配置扭曲
1993	0.0786	0.0715	0.0009	2006	0.0954	0.0914	0.0035
1994	0.0829	0.0755	0.0017	2007	0.0865	0.0825	0.0035
1995	0.0834	0.0749	0.0026	2008	0.0809	0.0768	0.0034
1996	0.0801	0.0713	0.0027	2009	0.0785	0.0739	0.0043
1997	0.0833	0.0756	0.0021	2010	0.0742	0.0691	0.0052
1998	0.0875	0.0811	0.0013	2011	0.0690	0.0632	0.0061
1999	0.0927	0.0875	0.0011	2012	0.0646	0.0582	0.0069
2000	0.1024	0.0978	0.0017	2013	0.0602	0.0525	0.0088
2001	0.1051	0.1008	0.0022	2014	0.0624	0.0531	0.0112
2002	0.1063	0.1022	0.0028	2015	0.0675	0.0560	0.0144
2003	0.1086	0.1049	0.0031	2016	0.0729	0.0581	0.0186
2004	0.0996	0.0960	0.0028	2017	0.0745	0.0585	0.0203
2005	0.0970	0.0931	0.0032	平均	0.0838	0.0770	0.0054

资料来源：笔者计算。

从表5-1可以看出，1993~2017年间由地区间要素配置扭曲所导致的平均TFP损失程度为8.38%，而最近的2017年，地区间要素配置扭曲所导致的TFP损失程度为7.45%。进一步分析地区间劳动和资本要素配置扭曲所导致的TFP损失程度，发现劳动要素配置扭曲所导致的平均TFP损失程度为7.70%，而资本要素仅为0.54%，地区间劳动要素配置扭曲程度远大于资本要素配置扭曲程度。因此，进一步打破阻碍劳动力跨地区流动的障碍，促进劳动力由生产率低的地区向生产率高的地区流动，是改善地区间要素配置扭曲的关键。

为了更清楚地考察地区间要素配置扭曲所导致的TFP损失程度的变动趋势，画出其趋势图，如图5-1所示。从图5-1可以看出，中国地区间劳动要素配置扭曲程度远大于资本要素，使得总要素配置扭曲程度与劳动要素配置扭曲程度呈现出大体相同的变动趋势。分阶段来看，2003年之前，中国地区间要素配置扭曲所导致的TFP损失程度在波动中上升，2003年之后则趋于下降，但在最近几年却有所回升。观察图5-1可以发现，2013年之后中国地区间要素配置扭曲所导致的TFP损失程度趋于上升主要是由地区间资本要素配置扭曲程度加剧所致，而劳动要素配置扭曲所导致的TFP损失程度相对较为平稳。

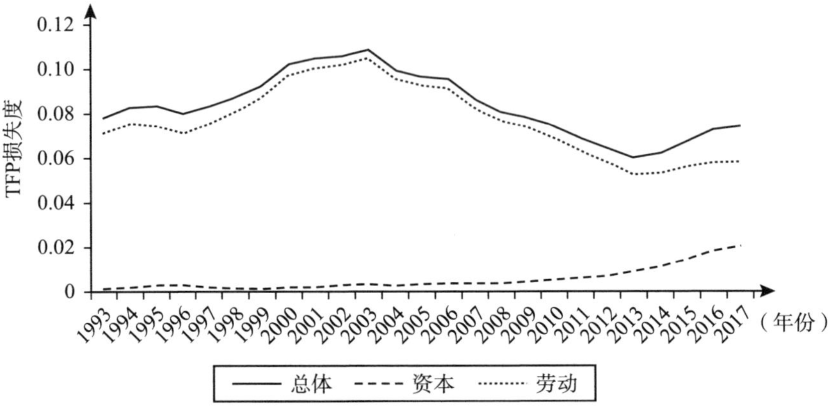

图5－1　地区间要素配置扭曲所致TFP损失程度变动趋势

资料来源：笔者绘制。

从式（5.11）要素投入比例的计算公式可以看出，各地区TFP水平是影响要素投入比例的重要因素，因此认为1993～2017年中国地区间要素配置扭曲程度的变动可能与地区间TFP离散程度的变化相关。根据基于上述模型测算得出的各地区TFP及其标准差发现，2000年之前，中国各地区TFP的标准差逐年增加，随后几年缓慢下降，2003年之后加速下滑，最近几年则趋于平稳，这与中国地区间要素配置扭曲程度的变动趋势大体一致，一定程度上说明地区间TFP离散程度与地区间要素配置扭曲程度呈正相关。

地区间人口迁移是改善地区间劳动要素配置扭曲的关键。朱孟珏和李芳（2017）基于1985～2015年中国省际人口迁移数据发现，中国省际人口迁移网络密度经历了1985～2000年的缓慢下降和2000～2015年的持续上升的过程，中西部地区人口向东部地区迁移成为省际人口迁移的主流趋势。地区间人口迁移加快，尤其是人口从中西部低TFP地区向东部高TFP地区迁移极大地缓解了劳动要素配置扭曲程度，因此，2003年之后中国地区间劳动要素配置扭曲程度（以及由其所主导的地区间要素配置扭曲程度）呈现出大幅缓解的趋势。

考虑到地区间资本要素配置扭曲程度相对劳动要素配置扭曲程度较小，在同一张图中展示时无法详细考察其变动趋势，为此对地区间资本要素配置扭曲所致 TFP 损失程度变动趋势进行单独描述，如图 5 -2 所示。

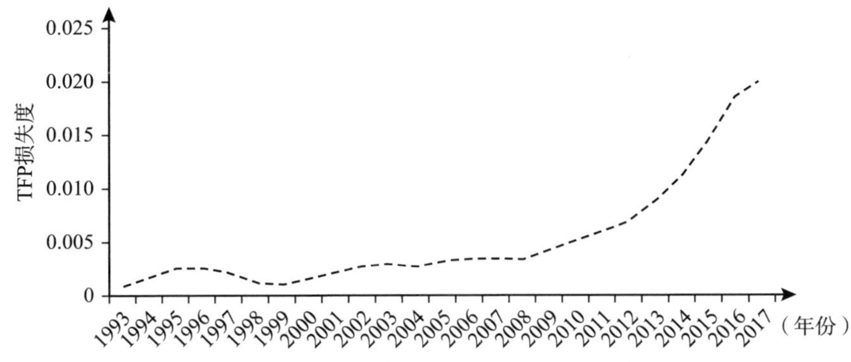

图 5 -2　地区间资本要素配置扭曲所致 TFP 损失程度变动趋势

资料来源：笔者绘制。

从图 5 -2 可以看出，2008 年之前中国地区间资本要素配置扭曲程度在波动中缓慢增长。2008 年以后，为应对全球金融危机对经济增长所带来的冲击，在政府大量经济刺激政策的驱使下，各地区都相应地加大了投资量。而在中西部及东北部地区已经处于资本配置过度的情况下（如图 5 -3 所示），进一步扩大投资必然带来资本要素配置扭曲程度的加深，由此表现出 2008 年之后中国地区间资本要素配置扭曲程度的持续、快速上升。截止到 2017 年，中国地区间资本要素配置扭曲所导致的 TFP 损失程度已超过 2%，达到历史最高水平，而且并没有表现出缓解的迹象。

5. 1. 4　分地区要素投入扭曲程度

进一步考察劳动和资本要素在不同地区间的配置状况。利用上述模型和数据分别计算扭曲状况（即实际状况）下各地区劳动和资本要素的配置比例 l_i、k_i，以及有效状况下各地区劳动和资本要素的配置比例 l_i^*、k_i^*。通过计算要素在扭曲状况下和有效状况下的配置比例之比 $d_i^l = l_i / l_i^*$、$d_i^k = k_i / k_i^*$ 可以看出要素配置的过度或不足程度。d_i^l 和 d_i^k 越接近于 1 表示要素配置越合理，大于 1 表示要素配置过多，即存在正向要素配置扭曲；小于 1 则表示要素配置不足，即存在负向要素配置扭曲。

表5－2以2017年为例给出了各地区劳动和资本要素配置状况，同时参考世界银行的划分标准，根据经济发展水平将中国分为6个经济区域：东北、环渤海、东南、中部、西南和西北。进一步地，图5－3和图5－4分别给出了1993～2017年各区域内不同地区间劳动和资本要素配置平均扭曲程度的变动趋势。

表5－2　各地区要素配置扭曲程度（2017年）

区域	地区	劳动	资本	区域	地区	劳动	资本
东北	辽宁	1.0866	1.4103	中部	湖北	1.0680	0.9719
东北	吉林	1.1515	1.6885	中部	湖南	1.1527	0.7500
东北	黑龙江	1.4970	1.4343	西南	广西	1.9623	1.7260
环渤海	北京	0.3424	0.4924	西南	海南	1.5356	1.3131
环渤海	天津	0.4417	1.1508	西南	重庆	0.8869	0.9123
环渤海	河北	1.4464	1.3808	西南	四川	1.4624	0.9615
环渤海	山东	0.9153	0.9284	西南	贵州	1.7410	1.0737
东南	上海	0.3655	0.6707	西南	云南	2.4098	1.6464
东南	江苏	0.4707	0.6461	西北	山西	1.4210	1.2812
东南	浙江	0.6940	0.8264	西北	内蒙古	1.0223	1.9385
东南	福建	0.9047	1.1036	西北	陕西	0.9612	0.8892
东南	广东	0.6480	0.7263	西北	甘肃	2.7066	1.2951
中部	安徽	1.8623	0.9022	西北	青海	1.6651	2.8298
中部	江西	1.4267	0.8198	西北	宁夏	1.3064	1.8223
中部	河南	1.9183	1.6315	西北	新疆	1.4267	1.5522

资料来源：笔者计算。

首先，考察各地区劳动要素配置扭曲程度及其变动趋势。从表5－2可以看出，2017年北京、天津和上海三大直辖市的劳动要素配置严重不足，甚至存在60%左右的缺口。与之相对，甘肃、云南、广西、河南和安徽等地区劳动要素配置严重过度。从图5－3可以看出，1993～2017年间，中部、西北和西南地区的劳动要素配置持续过度，尤其是西南地区，而东北、东南和环渤海地区的劳动要素配置却相对不足①，其

① 环渤海地区2017年、东北地区2016～2017年劳动要素配置过度。

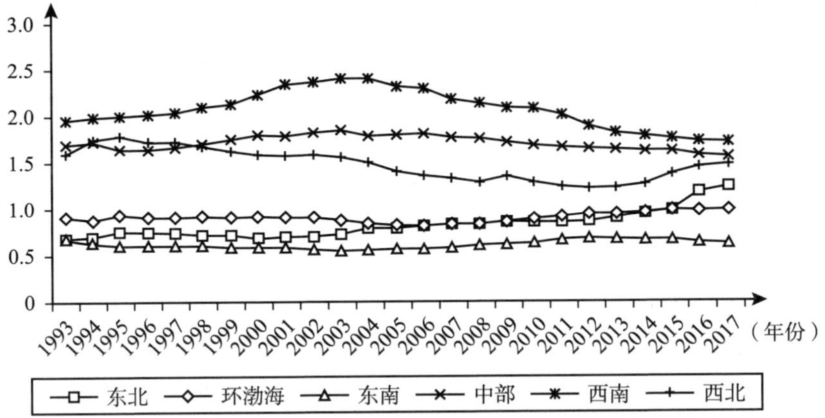

图5-3 分区域劳动要素配置扭曲程度变动趋势

资料来源：笔者绘制。

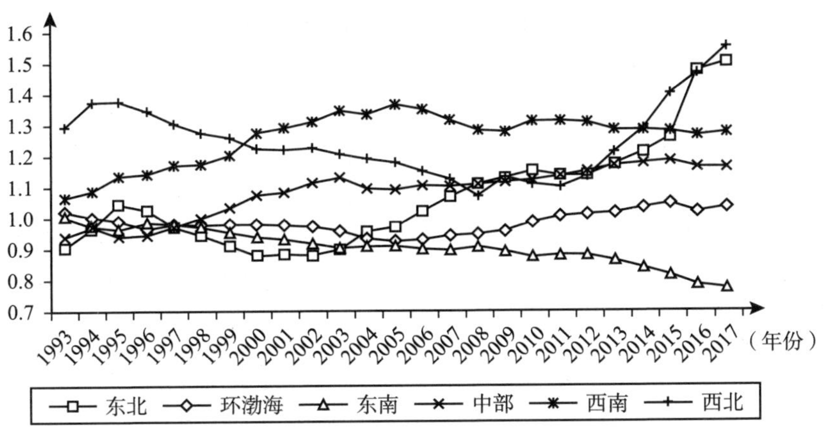

图5-4 分区域资本要素配置扭曲程度变动趋势

资料来源：笔者绘制。

中东南地区的劳动要素配置不足程度最为严重。平均来看，中部、西南和（2004年之前的）西北地区普遍存在着50%以上的过多的劳动要素配置，而东南地区却同时存在着30%以上的劳动缺口，地区间劳动要素配置扭曲的离散程度非常大。进一步对比表5-2中劳动和资本要素配置扭曲程度，以及图5-3和图5-4中劳动和资本要素配置扭曲程度变动趋势发现，地区间劳动要素配置扭曲的离散程度远高于资本要素配置扭曲的离散程度，这印证了前面所述地区间劳动要素配置扭曲程度远

大于资本要素配置扭曲程度的观点。因此，进一步放开户籍政策，加快中西部地区劳动力向东部尤其是东南部地区流动，对改善地区间要素配置扭曲至关重要。此外，提升中西部地区本身的TFP水平，使其劳动要素配置状况由过度转为合理，也是缓解地区间要素配置扭曲的重要举措。

进一步考察各地区资本要素配置扭曲程度及其变动趋势。从表5－2可以看出，2017年资本要素配置不足程度较为严重的省份主要是环渤海地区的北京，东南地区的江苏、上海、浙江和广东，以及中部地区的江西和湖南，其中北京、江苏、上海和广东等地区的劳动要素配置不足程度尤为严重。与此同时，东北和西北地区绝大部分省份的资本要素配置却相对过度。此外，环渤海地区的河北，中部地区的河南，以及西南地区的广西和云南等地区的资本要素配置过度程度也较为严重。从图5－4可以看出，整体上西北和西南地区的资本要素配置一直处于过度状态，环渤海和东南地区在多数时期存在资本要素配置不足，东北地区在2005年之前的多数时期处于资本要素配置不足的状态，2005年之后则转为过度状态。总的来说，环渤海和东南地区经济发展相对迅猛，对资本的需求旺盛，其资本配置相对不足；西北和西南地区在西部大开发和地区间经济资源均匀分布的策略引导下，其资本要素表现出了过度配置的状态；东北地区近年来产能过剩问题较为突出，导致资本大量闲置。因此，今后减少对西北、西南和东北地区的投资，集中资源开发环渤海及东南地区，对改善地区间资本要素配置扭曲有重要作用。

5.2 产业间要素配置扭曲程度的测算①

相对于地区间要素配置扭曲，不同产业间由于倾向性产业政策、改革的渐进性，以及自然和行政垄断等因素，存在着显著的进入、退出壁垒，其要素配置状况更为扭曲。打破产业间要素流动壁垒，是实现资源有效配置，进一步释放经济增长潜力的重要途径。

分析现有关于中国产业间要素配置扭曲程度测算的文章，发现已有研究大多基于中国工业企业数据库，以制造业企业或工业企业为研究对

① 本节核心内容作为本书的阶段性成果已发表：魏庆文，杨蕙馨．中国分行业要素市场扭曲与TFP损失［J］．经济问题探索，2019，40（9）：9－19.

象，所用数据也大多局限于 1998～2007 年，这主要是囿于微观企业数据的可得性。不可否认，企业数据为分析要素配置扭曲的微观机制提供了重要支撑，但当前中国第三产业增加值占国内生产总值的比重已超过第二产业，基于中国工业企业数据库的研究无法反映中国资源配置的全貌，尤其难以反映 2008 年金融危机后的资源配置状况。因此，为考察中国整体的要素配置扭曲程度及其在 2008 年金融危机前后的变化趋势，有必要使用可得性更强的产业加总数据。已有研究中，陈言和李欣泽（2018）使用产业层面数据测算了中国 2002～2013 年分产业要素配置扭曲程度，但在测算劳动要素投入时，所用数据为城镇非私营单位就业人员，并未考虑城镇私营单位就业人员和农村就业人员。张慧慧和张军（2018）使用中国经济普查数据，测算了中国分区域和分产业的要素配置扭曲程度，但也仅仅包含 2004 年、2008 年和 2013 年三年的数据。

本节在布兰特等（2013）理论模型的基础上，引入产业间异质性要素产出弹性，构建了用于测算分产业要素配置扭曲程度的核算框架，并应用该框架实证测算了中国 2004～2016 年 18 个非农产业的要素配置扭曲所导致的 TFP 损失程度。本节相对于已有研究的创新之处表现在：第一，将对产业要素配置扭曲的测算拓展到包含全部非农产业，而非仅限于工业部门或制造业部门。第二，将劳动要素的统计口径拓展到包含城乡的全社会范围，而非仅限于城镇非私营单位，测算结果更具代表性。第三，在测算各产业劳动要素投入时，引入以受教育程度衡量的产业间异质性人力资本，而非将各产业劳动力视为同质。已有学者指出，产业间存在显著的人力资本差异。如严兵等（2014）的实证结果表明，产业间人力资本的异质性是导致产业间收入差距的重要原因，且其重要性趋于上升。因此，基于异质性人力资本的考察能够更加准确地衡量产业间劳动要素投入。

5.2.1　产业间要素配置扭曲程度的测算框架

布兰特等（2013）基于中国国有企业和非国有企业间异质性生产条件的假设，提出用于测度不同省份、不同所有制企业间要素配置扭曲及其影响的理论模型。为简化起见，布兰特等（2013）假设不同部门（即省份）间具有相同的要素产出弹性。本书旨在考察中国不同产业间要素配置扭曲，故对布兰特等（2013）的理论模型予以简化和修改。此外，本书认为，部门间相同要素产出弹性的假设在以省为部门时或许成立，但是在以产业为部门时却并不适用。比如，不同产业间因要素密集性不同其劳动和资本的产出弹性也有较大差别。故本书放松了部门间相同要素产出弹性的假设，引入产业间异质性要素产出弹性。

1. 基本假定

（1）产业生产函数。假设经济中有 M 个异质性产业，不同产业间的要素产出弹性各不相同，生产函数为 Cobb - Douglas 形式，其中，产业 i 的生产函数为：

$$Y_i = A_i L_i^{\alpha_i} K_i^{1-\alpha_i}, \ 0 < \alpha_i < 1, \ i = 1, \ \cdots, \ M \tag{5.13}$$

其中，Y_i、A_i、L_i、K_i 分别代表产业 i 的实际产出、TFP、劳动要素投入和资本要素投入，参数 α_i 为产业异质的劳动产出弹性。

现有研究表明，各产业从业者的人力资本存在显著差异。因此，在测算产业劳动要素投入时，如不考虑各产业从业者“质”的差异，仅考虑从业者的“量”，将导致测算结果有偏差。为了更准确地测算劳动要素市场的扭曲程度，本书借鉴霍尔和琼斯（1999）的研究，引入产业人力资本：假设产业 i 总的劳动要素投入为 $L_i = N_i e^{\phi(E_i)}$，其中，N_i 为产业 i 的就业人数；$e^{\phi(E_i)}$ 为以受教育程度表示的人力资本，其中 $\phi(E)$ 表示接受过 E 年教育的劳动者相对于没有接受过教育（$\phi(0)=0$）的劳动者的相对效率，其导数 $\phi'(E)$ 为教育收益率。

（2）总体经济的生产函数。假设社会总产出是各产业产出的加总，服从 CES 的加总形式：

$$Y = \left(\sum_{i=1}^{M} Y_i^{\frac{\sigma-1}{\sigma}}\right)^{\frac{\sigma}{\sigma-1}} \tag{5.14}$$

其中，σ 是不同产业间的替代弹性。

（3）要素配置和总体 TFP。假设全社会总的劳动和资本为各产业加总，则社会总体的劳动和资本要素投入分别为：

$$L = \sum_{i=1}^{M} L_i \ , K = \sum_{i=1}^{M} K_i \tag{5.15}$$

定义 $l_i = \frac{L_i}{L}$、$k_i = \frac{K_i}{K}$分别为产业 i 的劳动和资本要素投入占经济总体的比重。假定每年经济总体的劳动和资本为外生给定，则序列 $\{l_i, \ k_i\}$，

$i=1$，…，M 代表了劳动和资本在不同产业间的配置状态。

根据索罗余值法，产业 TFP 定义为产业产出中扣除劳动和资本以外的因素，即：

$$A_i = \frac{Y_i}{L_i^{\alpha_i} K_i^{1-\alpha_i}} \tag{5.16}$$

假设总体生产函数服从 Cobb - Douglas 形式，即 $Y = AL^{\alpha}K^{1-\alpha}$，则社会总体的 TFP 为：

$$A = \frac{Y}{L^{\alpha}K^{1-\alpha}} = \frac{\left(\sum_{i=1}^{M} Y_i^{\frac{\sigma-1}{\sigma}}\right)^{\frac{\sigma}{\sigma-1}}}{L^{\alpha}K^{1-\alpha}} = \left(\sum_{i=1}^{M}\left(A_i l_i^{\alpha_i} k_i^{1-\alpha_i}\left(\frac{K}{L}\right)^{\alpha-\alpha_i}\right)^{\frac{\sigma-1}{\sigma}}\right)^{\frac{\sigma}{\sigma-1}} \tag{5.17}$$

其中 $\alpha = \sum_{i=1}^{M}\omega_i\alpha_i$ 为社会总产出的劳动产出弹性，$\omega_i = \frac{1}{T}\sum_{t=1}^{T}\frac{P_i(t)Y_i(t)}{\sum_{i=1}^{M}P_i(t)Y_i(t)}$ 为产业 i 的产出占总产出的比重，$t=1$，…，T 代表时间，P_i 为产业 i 的价格水平。

定义使总体 TFP（或等价的，社会总产出）最大化的要素配置为有效配置，相应的 TFP 称为有效 TFP。如果存在要素配置扭曲，则实际要素配置状况就会偏离有效配置，导致实际 TFP 低于有效 TFP，本书正是以 TFP 损失程度作为要素配置扭曲程度的度量指标。

本部分余下内容将分别讨论有效状态下的要素配置，扭曲状态下的要素配置，扭曲导致的 TFP 损失，以及要素配置扭曲程度的度量。

2. 有效状态下的要素配置①

有效状态下的要素配置等价于求解以下社会最优化问题：

$$\max_{l_i, k_i} Y$$

满足约束条件式（5.13）、式（5.14）和式（5.15）。

求解此最优化问题可得，有效状态下各产业要素投入比例和总体 TFP 分别为：

① 有效状态是扭曲状态的一个特例（扭曲程度为零），为简化起见，略去了本部分的具体推导过程。

$$l_i^* = \frac{A_i^{\sigma-1}\lambda_{pi}^{-\sigma}\lambda_{li}^{-1}}{\sum_{i=1}^{M} A_i\lambda_{pi}^{-\sigma}\lambda_{li}^{-1}}, \quad k_i^* = \frac{A_i^{\sigma-1}\lambda_{pi}^{-\sigma}\lambda_{ki}^{-1}}{\sum_{i=1}^{M} A_i\lambda_{pi}^{-\sigma}\lambda_{ki}^{-1}} \tag{5.18}$$

$$A^* = \left(\sum_{i=1}^{M}\left(\frac{A_i\lambda_{pi}^{-\sigma}\lambda_{li}^{-\alpha_i}\lambda_{ki}^{\alpha_i-1}}{\left(\sum_{i=1}^{M}A_i^{\sigma-1}\lambda_{pi}^{-\sigma}\lambda_{li}^{-1}\right)^{\alpha_i}\left(\sum_{i=1}^{M}A_i^{\sigma-1}\lambda_{pi}^{-\sigma}\lambda_{ki}^{-1}\right)^{1-\alpha_i}}\left(\frac{K}{L}\right)^{\alpha-\alpha_i}\right)^{\frac{\sigma-1}{\sigma}}\right)^{\frac{\sigma}{\sigma-1}} \tag{5.19}$$

其中，$\lambda_{pi}=\left(\frac{w}{\alpha_i}\right)^{\alpha_i}\left(\frac{r}{1-\alpha_i}\right)^{1-\alpha_i}$，$\lambda_{li}=\left(\frac{w}{\alpha_i}\right)^{1-\alpha_i}\left(\frac{r}{1-\alpha_i}\right)^{\alpha_{i-1}}$，$\lambda_{ki}=\left(\frac{w}{\alpha_i}\right)^{-\alpha_i}\left(\frac{r}{1-\alpha_i}\right)^{\alpha_i}$为中间变量，w 和 r 分别为社会平均的工资水平和资本收益率。

3. 扭曲状态下的要素配置

社会总体的利润最大化问题可表述为：

$$\max_{Y_i, i=1,\cdots,M}\left\{P\left(\sum_{i=1}^{M}Y_i^{\frac{\sigma-1}{\sigma}}\right)^{\frac{\sigma}{\sigma-1}} - \sum_{i=1}^{M}P_iY_i\right\}$$

其中 P 为总产出的价格水平。由该最优化问题的一阶条件可得产业 i 的价格水平为：

$$P_i = P\left(\frac{Y_i}{Y}\right)^{-\frac{1}{\sigma}}, \quad i=1, \cdots, M \tag{5.20}$$

对应的总体价格水平可以表示为产业价格水平的加总：

$$P = \left(\sum_{i=1}^{M}P_i^{1-\sigma}\right)^{\frac{1}{1-\sigma}} \tag{5.21}$$

如果生产要素可以在产业间自由流动，那么生产率高的产业应能获得更多的生产要素，使得生产要素在不同产业间的使用成本相差不大。现实中由于政府倾向性产业政策、改革的渐进性，以及自然和行政垄断等因素，阻碍了生产要素的自由流动，导致产业间要素市场存在扭曲。本书借鉴布兰特等（2013）以及谢和克洛诺（2009）的做法，假设产业面临的要素价格扭曲以税收的方式体现。具体而言，以 $\tau_i^l>0$ 和 $\tau_i^k>0$ 分别来代表产业 i 所面临的劳动和资本扭曲税。其中，$\tau_i^j(j=l, k)$ 大于 1 表示产业 i 使用 j 要素的成本偏高，小于 1 则偏低。则扭曲状态下产业 i 的利润最大化问题可以表述为：

$$\max_{K_i, L_i} P_iA_iL_i^{\alpha_i}K_i^{1-\alpha_i} - \tau_i^l wL_i - \tau_i^k rK_i$$

求解该最优化问题的一阶条件为：

$$\alpha_i P_i A_i L_i^{\alpha_i - 1} K_i^{1-\alpha_i} = \tau_i^l w \tag{5.22a}$$

$$(1-\alpha_i) P_i A_i L_i^{\alpha_i} K_i^{-\alpha_i} = \tau_i^k r \tag{5.22b}$$

定义 $\tilde{A}_i = \frac{A_i}{\tau_i^{l\alpha_i} \tau_i^{k1-\alpha_i}}$，可得存在扭曲的竞争市场下的要素配置：①

$$l_i = \frac{\tilde{A}_i^{\sigma-1} \lambda_{pi}^{-\sigma} \lambda_{li}^{-1} \tau_i^{l-1}}{\sum_{i=1}^{M} \tilde{A}_i^{\sigma-1} \lambda_{pi}^{-\sigma} \lambda_{li}^{-1} \tau_i^{l-1}}, \quad k_i = \frac{\tilde{A}_i^{\sigma-1} \lambda_{pi}^{-\sigma} \lambda_{ki}^{-1} \tau_i^{k-1}}{\sum_{i=1}^{M} \tilde{A}_i^{\sigma-1} \lambda_{pi}^{-\sigma} \lambda_{ki}^{-1} \tau_i^{k-1}} \tag{5.23}$$

将式（5.23）代入式（5.17）可得存在要素配置扭曲时的总体TFP水平为：

$$A = \left(\sum_{i=1}^{M} \left(\frac{\tilde{A}_i^{\sigma} \lambda_{pi}^{-\sigma} \lambda_{li}^{-\alpha_i} \lambda_{ki}^{\alpha_i - 1}}{\left(\sum_{i=1}^{M} \tilde{A}_i^{\sigma-1} \lambda_{pi}^{-\sigma} \lambda_{li}^{-1} \tau_i^{l-1} \right)^{\alpha_i} \left(\sum_{i=1}^{M} \tilde{A}_i^{\sigma-1} \lambda_{pi}^{-\sigma} \lambda_{ki}^{-1} \tau_i^{k-1} \right)^{1-\alpha_i}} \left(\frac{K}{L} \right)^{\alpha - \alpha_i} \right)^{\frac{\sigma-1}{\sigma}} \right)^{\frac{\sigma}{\sigma-1}} \tag{5.24}$$

当不存在要素配置扭曲时，$\tau_i^l = \tau_i^k = 1$，式（5.23）和式（5.24）分别退化为前面的式（5.18）和式（5.19）。

4. 扭曲导致的TFP损失

对于任何一个给定的要素配置以及相应的总体TFP水平A，定义由要素配置扭曲所导致的总体TFP损失（即如果完全消除要素配置扭曲，实际TFP可以提升的程度）为：

$$D = A^* / A - 1$$

进一步单独测算劳动和资本要素配置扭曲所导致的TFP损失。劳动要素配置扭曲所导致的TFP损失是劳动要素配置扭曲不存在（$\tau_i^l = 1$），而资本要素配置扭曲存在时的TFP水平 A^{l*} 与两种要素配置扭曲都存在时的实际TFP水平A的比值：

$$D^l = A^{l*} / A - 1$$

类似地，资本要素配置扭曲所导致的TFP损失是资本要素配置扭曲不存在（$\tau_i^k = 1$），而劳动要素配置扭曲存在时的TFP水平 A^{k*} 与两种要素配置扭曲都存在时的实际TFP水平A的比值：

① 公式（5.11）的求解较为复杂，对于具体的运算过程，感兴趣的读者可以向笔者索要。

$$D^k = A^{k*}/A - 1$$

5. 要素配置扭曲程度的度量

由式（5.22）可得，存在要素配置扭曲时产业 i 劳动和资本要素的绝对扭曲程度分别为：

$$\tau_i^l \propto \frac{\alpha_i P_i Y_i}{L_i}$$

$$\tau_i^k \propto \frac{(1-\alpha_i) P_i Y_i}{K_i}$$

由前述公式推导可知，如果所有产业的扭曲程度发生同方向同等比例的变化，并不会使经济总体的资源在各产业间重新配置。因此，可以分别用产业 i 中劳动和资本要素的平均产出来度量产业 i 的劳动和资本要素配置扭曲程度。为了更加直观地考察各产业劳动和资本要素的扭曲程度，对其做进一步标准化处理：

$$\overline{\tau_i^l} = \frac{\alpha_i P_i Y_i / L_i}{\alpha PY/L}$$

$$\overline{\tau_i^k} = \frac{(1-\alpha_i) P_i Y_i / K_i}{(1-\alpha) PY/K}$$

5.2.2 数据说明

本节计算中国分产业要素配置扭曲及其所导致的 TFP 损失，数据范围涵盖国民经济 18 个非农产业①，时间跨度为 2004 ~ 2016 年。本节计

① 中国农林牧渔业的基本生产单位主要是单个的农村家庭，因此在对农林牧渔业就业人员的衡量上，无论是《中国统计年鉴》上公布的“按行业分城镇单位就业人员”，还是《中国经济普查年鉴》上公布的“按行业分组的法人单位从业人员数”，均远远小于农林牧渔业实际就业人员数，故将农林牧渔业从样本中剔除。另外，国际组织因数据不全也予以剔除。故本书使用除农林牧渔业和国际组织以外的 18 个大类产业，依次为：采矿业，制造业，电力、热力、燃气及水的生产和供应业（简称电力生产和供应业），建筑业，批发和零售业，交通运输、仓储和邮政业（简称交通运输业），住宿和餐饮业，信息传输、软件和信息技术服务业（简称信息传输业），金融业，房地产业，租赁和商务服务业，科学研究和技术服务业（简称科学研究业），水利、环境和公共设施管理业（简称水利管理业），居民服务、修理和其他服务业（简称居民服务业），教育、卫生和社会工作（简称教育），文化、体育和娱乐业（简称文化业），公共管理、社会保障和社会组织（简称公共管理）。

算所需要的数据来源及数据处理如下：

1. 产出

用产业增加值代表产业产出，所用数据取自历年《中国统计年鉴》中的“分行业增加值”。① 本书以 2004 年为基期，根据国家统计局网站公布的“分行业增加值指数”对名义产出进行平减，换算成以不变价格计算的实际产出。

2. 劳动要素投入

劳动要素投入包含以就业人数衡量的劳动要素投入数量和以受教育程度衡量的劳动要素投入质量。已有研究在衡量产业劳动要素投入数量时，大多使用国家统计局网站公布的历年“按行业分城镇单位就业人员”，但该数据既未包含城镇的私营企业和个体就业人员，也未包含乡村的私营企业和个体就业人员，不宜用于衡量中国整体的劳动要素投入。本书根据 2004 年、2008 年和 2013 年的《中国经济普查年鉴》获得三个特定年份的“按行业分组的法人单位从业人员数”，计算出三个特定年份各产业法人单位从业人员数相对于城镇单位就业人员数的拓展比例，将此比例按照线性插值的原则拓展到各个年份，② 由此获得各产业 2004 ~ 2016 年包含城乡的总体就业人员数。各产业就业人员受教育程度数据来源于历年《中国劳动统计年鉴》的“按行业分的全国就业人员受教育程度构成”。不同阶段教育收益率数据取自杨蕙馨和王海兵（2015）的估算。③ 此外，由于无法获得经济总体就业人员的平均工资，本书用城镇单位就业人员平均工资来替代，数据来源于国家统计局网站。

3. 资本要素投入

采用永续盘存法对各产业物质资本存量进行估计，计算公式为：

---

① 不同年份《中国统计年鉴》上所公布的同一年份的分行业增加值有所出入，本书以最新年份的统计值为准。

② 2014 ~ 2016 年的拓展比例使用 2008 年和 2013 年拓展比例的平均值。

③ 本书借鉴杨蕙馨和王海兵（2015）使用方程组法在传统转换情形下所测 2004 年、2006 年、2009 年和 2011 年各级教育收益率数据，对于 2004 ~ 2011 年的缺失数据；使用线性插值法填充，而对于 2012 ~ 2016 年的缺失数据，则用 2009 年和 2011 年的平均值代替。各级教育的受教育年限定义为：未上过学 = 0，小学 = 6，初中 = 9，高中 = 12，大学专科 = 15，大学本科 = 16，研究生 = 19。

$$K_{it}=(1-\delta)K_{i,t-1}+I_{it}/P^{I}_{it}$$

其中，K_{it}、I_{it}和P^{I}_{it}分别表示产业 i 第 t 年的物质资本存量、投资额和投资价格指数，δ 是资本折旧率。各产业投资额数据取自国家统计局所公布的“按行业分全社会固定资产投资”。由于缺少各细分产业的固定资产投资价格指数，采用全社会固定资产投资价格指数来代替。资本折旧率采用张军（2004）的估计，设定为 9.6%。关于基期资本存量的估计，借鉴杨（2000）的方法，以基年固定资产投资额除以 0.1 作为当年的固定资本存量。

4. 参数设定

借鉴布兰特和朱（2010），将资本利率 r 设定为 0.1。跨产业间的产品替代弹性 σ 设为较为保守的 1.5。各产业劳动产出弹性 α_i 的取值参考张晓晶等（2018）的做法，使用基于收入法统计的产业增加值的构成计算各产业劳动收入份额，以此作为劳动要素的产出弹性。具体而言，在产业增加值中扣除由劳动和资本共同创造的生产税，以劳动者报酬占其余三项之和的比重来衡量劳动产出弹性，即 $\alpha_i=\frac{1}{T}\sum_{t=1}^{T}\frac{\text{劳动者报酬}_{it}}{\text{劳动者报酬}_{it}+\text{固定资产折旧}_{it}+\text{营业盈余}_{it}}$。所用数据来源于历年中国投入产出表，其中所缺失年份的数据使用线性插值填充。

5.2.3 产业间要素配置扭曲程度

根据上述模型和数据估算 2004～2016 年中国产业间要素配置扭曲所导致的 TFP 损失程度，如图 5－5 所示。其中，总体 TFP 损失程度和资本要素配置扭曲所导致的 TFP 损失程度对应于左侧坐标轴，劳动扭曲所导致的 TFP 损失程度对应于右侧坐标轴，下同。

由图 5－5 可以看出，样本年间中国产业间要素配置扭曲所导致的 TFP 损失程度大体经历了先上升后下降，再上升再下降的变化趋势。样本年间由产业间要素配置扭曲所导致的平均 TFP 损失程度为 100.4%，意味着如果完全消除产业间要素配置扭曲，中国的 TFP 水平大体可以提升一倍。分阶段来看，2008 年之前，产业间要素配置扭曲所致 TFP 损失程度逐年递增，而这正是中国刚刚加入 WTO 的头几年，中国经济正处

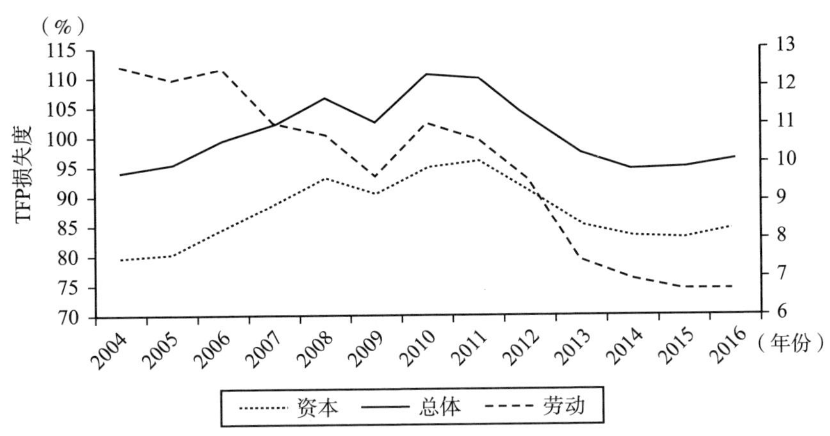

图 5－5　产业间要素配置扭曲所致 TFP 损失程度的变动趋势

资料来源：笔者绘制。

于快速增长时期。伴随着国民经济的快速增长，各产业也随之加速扩张，而产业间结构调整却有所滞后。各产业竞相争夺有限的生产资源，部分产业由于可以以较低的成本获取资源，要素使用成本偏低，占用了过多的资源，相应地，另一部分产业则因要素使用成本偏高，生产资源日益短缺，上述两方面因素共同作用导致产业间要素配置扭曲程度逐年攀升。2008 年金融危机一定程度上缓和了经济过热的局面，产业间要素配置扭曲有过短暂的缓解，但随即继续恶化。直到 2010 年之后，政府一系列旨在促进结构调整和产业转型升级的改革措施开始发挥作用，产业间要素流动性加强，不同产业间资源过剩与资源短缺并存的局面得以改善，要素配置扭曲所导致的 TFP 损失程度大幅降低。最近的 2016 年，产业间要素配置扭曲所致 TFP 损失程度为 96. 3%，接近历史最低值，但未来仍有较大的改善空间。

进一步分析资本和劳动要素配置扭曲所导致的 TFP 损失程度。可以发现：资本要素配置扭曲贡献了整体要素配置扭曲的绝大部分，基本决定了总体 TFP 损失程度的变动趋势；得益于产业间劳动要素流动性的增强，劳动要素配置扭曲所导致的 TFP 损失程度在样本年间呈下降趋势，但在金融危机后的 2009 年有所例外。有趣的是，劳动要素配置扭曲在 2008 年金融危机之前与总体 TFP 损失的变动趋势相反，使得总体 TFP 损失不致过快上升，2008 年之后则与总体 TFP 损失同步变动，进一步降低总体 TFP 损失程度。具体来看，样本年间由产业间资本要素配置扭曲所导致的平均 TFP 损失程度为 87.2%，而劳动要素仅为 9.8%，资本要素配置扭曲程度远大于劳动要素配置扭曲程度，表明中国产业间要素配置扭曲主要表现为资本要素的扭曲。这一点与已有研究关于中国区域间要素配置扭曲程度的测度恰恰相反。比如，靳来群（2018）关于中国地区间要素配置扭曲的测度结果表明，1992～2015 年，省际总体要素配置扭曲所导致的 TFP 年均损失为 9.71%，其中劳动要素配置扭曲导致 TFP 损失 8.62%，而资本要素仅为 0.86%，2008 年以来资本要素的扭曲程度在逐年加重，但劳动要素配置扭曲仍占主导地位。究其原因，本书认为在于产业间和地区间不同的要素流动机制：一方面，随着地区市场分割的不断打破，国内经济一体化逐步形成，不同地区间产品和资本要素的流动性增强，而现阶段部分产业仍存在严格的进入退出壁垒，加上投资的沉没成本、倾向性产业政策等，使得资本在不同产业间的流动性相对较弱；另一方面，受户籍制度、文化差异等因素的影响，劳动力在不同地区间的流动相对较少，而在同一地区内不同产业间的流动则较为充分。因此，不同于区域间劳动要素配置扭曲占主导的状况，产业间则表现为资本要素配置扭曲占主导地位。

最后，为了检验实证结果的稳健性，本书考虑不使用人力资本，仅使用就业人数的量，重新测算中国分产业要素配置扭曲及其所导致的 TFP 损失程度，结果如图 5－6 所示。

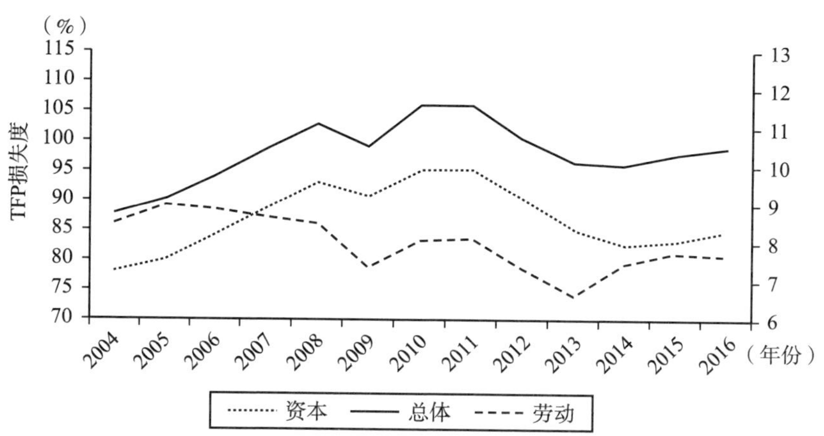

图 5－6　产业间要素配置扭曲所致 TFP 损失程度的变动趋势（不使用人力资本）

资料来源：笔者绘制。

对比图5－5和图5－6可以发现，上述结论基本未发生改变：不使用人力资本时，总体TFP损失程度和资本要素配置扭曲所导致的TFP损失程度的走势基本不变，而且，相对于劳动要素配置扭曲，资本要素配置扭曲仍占整体要素配置扭曲的绝大部分。所不同的是，不使用人力资本的情形下，劳动要素配置扭曲的下降趋势不明显，2013年之后甚至有所上升。鉴于中国产业间人力资本水平的显著差异，本书认为使用人力资本的情形更为可靠。另外，陈言和李欣泽（2018）基于2002～2013年中国产业间要素配置扭曲的测算结果表明，考虑产业间受教育程度所表示的人力资本因素后，要素市场的扭曲更加严重。本书基于当前参数水平（$\sigma=1.5$）的测算结果证实了这一点：样本期间，相对于不使用人力资本的情形，使用人力资本时，总体、资本要素和劳动要素的扭曲程度平均分别高出2.5%、0.3%和1.8%。但本书的测算结果同时表明，这一结论并不具有参数稳健性，当产业间产品替代弹性充分大，比如，当$\sigma=3$时，相对于不使用人力资本时的情形，使用人力资本反而降低了要素市场的扭曲程度。

5.2.4　分产业要素投入扭曲程度

进一步考察劳动和资本要素在不同产业间的配置状况。利用上述模型和数据分别计算扭曲状况（即实际状况）下各产业劳动和资本要素的配置比例l_i、k_i，以及有效状况下各产业劳动和资本要素的配置比例l_i^*、k_i^*。通过计算要素在扭曲状况下和有效状况下的配置比例之比$d_i^l=l_i/l_i^*$、$d_i^k=k_i/k_i^*$可以看出要素配置的过度或不足程度。d_i^l和d_i^k越接近于1表示要素配置越合理，大于1表示要素配置过多，即存在正向要素配置扭曲，小于1则表示要素配置不足，即存在负向要素配置扭曲。

图5－7给出了各产业劳动要素配置扭曲程度。为了更清楚地看出其变化趋势，将各产业按照劳动要素的平均扭曲程度由小到大排列，每6个一组，每组对应于不同的纵坐标轴。由图5－7可以看出，大部分产业的劳动要素配置扭曲程度集中在1附近，且随着时间的推移，有进一步向1靠近的趋势，表明劳动要素配置扭曲程度有所缓解。从细分产业来看，居民服务业、金融业，以及批发和零售业是负向劳动要素配置

扭曲最为严重的三个产业，劳动要素配置严重不足。而教育、房地产业及水利管理业是正向劳动要素配置扭曲最为严重的三个产业，劳动要素配置过度。其中，同为高人力资本型的产业，样本年间金融业劳动要素配置扭曲程度持续恶化（距离均衡值 1 越来越远），而教育业则逐步改善。可能的原因是，作为政府严格管制的产业，金融业存在严格的进入退出壁垒，而近年来政府对教育业的管制则逐步放开。此外，样本年间，采矿业、制造业、建筑业等工业部门使用劳动要素的成本大体经历了先增加后降低的趋势：2008 年前，这些产业的劳动要素配置扭曲程度逐渐降低，2008 年金融危机之后，尤其 2010 年之后，则逐步提升，表明中国劳动要素的配置情况向着有利于工业部门发展的方向转变。

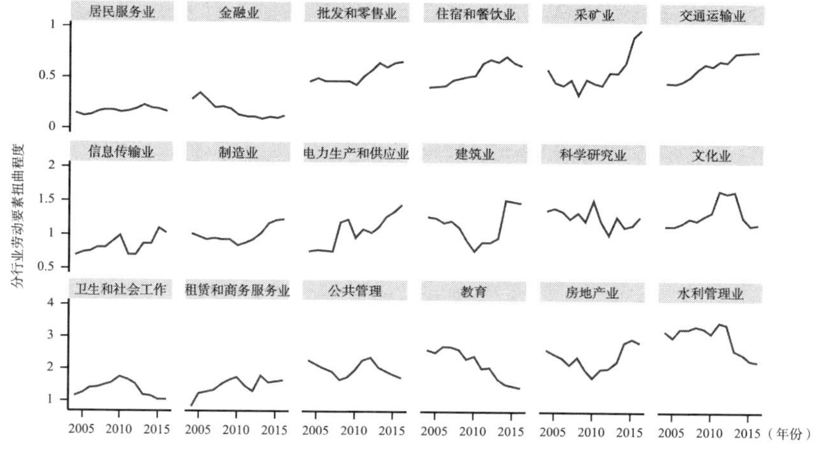

图 5－7　分产业劳动要素配置扭曲程度

资料来源：笔者绘制。

进一步考察分产业资本要素的扭曲程度，如图 5－8 所示。同图 5－7 类似，将各产业按照资本要素配置扭曲程度由小到大排列，每 6 个一组，每组对应于不同的纵坐标轴。[①] 对比图 5－7 和图 5－8，可以发现，各产业资本要素配置扭曲程度远大于劳动要素配置扭曲程度。近一半产业其资本要素配置扭曲程度低于 0.5，存在严重的资本缺口。从细分产业来看，金融业、批发和零售业，以及居民服务业是负向资本要素配置

① 其中，水利管理业资本要素扭曲程度与其他产业相差太大，将其单独列示。

扭曲最为严重的三个产业，资本要素配置严重不足。而公共管理、房地产业及水利管理业是正向资本要素配置扭曲最为严重的三个产业，其中水利管理业的资本要素配置扭曲程度远大于其他产业，资本要素配置严重过度。作为资金融通的媒介，金融业的健康发展是改善其他产业资本配置状况的重要前提。然而由于存在严格的进入壁垒，金融业的资本要素投入严重不足，且其扭曲程度有逐年加重的趋势。为改善产业间资本配置效率，放开金融业进入壁垒是当务之急。此外，制造业和采矿业等工业部门资本要素配置扭曲程度逐步改善，表明其资本使用成本降低，住宿和餐饮业、制造业、交通运输业等竞争程度强、进入壁垒相对较低的产业的资本要素配置扭曲程度接近于1，要素配置较为合理。

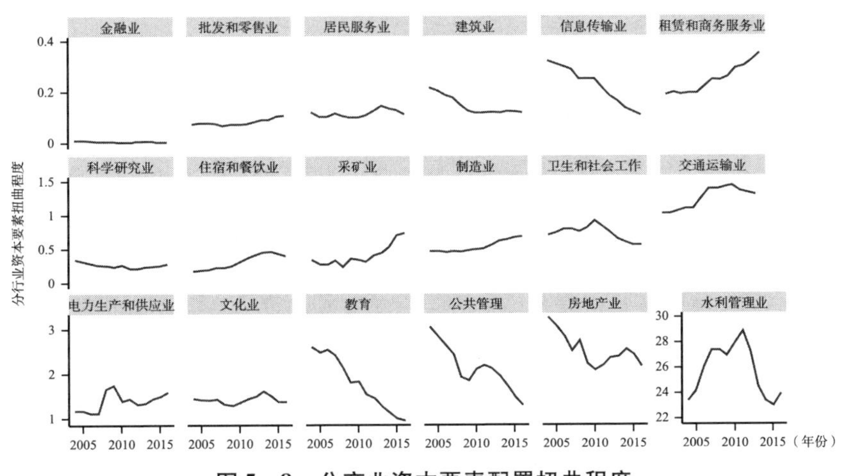

图5-8　分产业资本要素配置扭曲程度

资料来源：笔者绘制。

为进一步考察各产业间要素配置扭曲程度的离散情况，计算了各产业间劳动和资本要素配置扭曲程度的标准差，如表5-3所示。由表5-3可以看出，样本年间，各产业劳动要素配置扭曲程度的标准差在波动中下降，由2004年的3.73（样本最高值）下降为2016年的2.78（样本最低值），表明各产业间劳动要素配置扭曲程度趋于收敛；而产业间资本要素配置扭曲程度的标准差则大体经历了先上升后下降再上升再下降的变化趋势，样本均值为24.47，为劳动要素（3.34）的7倍多，表明产业间资本要素配置扭曲程度远大于劳动要素的扭曲程度。

表 5-3　　产业间劳动和资本要素配置扭曲程度标准差

指标	2004 年	2005 年	2006 年	2007 年	2008 年	2009 年	2010 年
劳动	3.73	3.49	3.69	3.57	3.62	3.35	3.38
资本	22.34	23.05	24.80	26.02	26.03	25.66	26.64
指标	2011 年	2012 年	2013 年	2014 年	2015 年	2016 年	平均值
劳动	3.55	3.49	2.89	2.97	2.87	2.78	3.34
资本	27.47	25.90	23.30	22.26	21.86	22.73	24.47

资料来源：笔者计算。

5.3 本章小结

要素配置扭曲是影响中国 TFP 的重要因素。本章分别构建了用于测算地区间和产业间要素配置扭曲所导致 TFP 损失程度的测算框架，并基于省际和大类产业数据实证测算中国地区间和产业间要素配置扭曲程度。

地区间要素配置扭曲的测算结果表明：1993～2017 年间由地区间要素配置扭曲所导致的平均 TFP 损失程度为 8.38%，其中地区间劳动要素配置扭曲所导致的平均 TFP 损失程度为 7.70%，而资本要素仅为 0.54%，地区间劳动要素配置扭曲程度远大于资本要素配置扭曲程度。2003 年以来地区间劳动要素配置扭曲程度一直在逐年缓解，而 2008 年后资本要素配置扭曲程度却在逐年加重。对各地区要素配置过度或不足程度的分析发现，中西部地区要素配置相对过度，而东南及环渤海地区却相对不足，尤其是劳动要素。虽然地区间劳动要素配置效率在逐年提高，但截至 2017 年中西部仍存在着 50% 左右的过多劳动要素配置，而东南地区却存在着 30% 以上的劳动缺口。

产业间要素配置扭曲的测算结果表明：2004～2016 年，中国产业间要素配置扭曲程度大体经历了先上升后下降，再上升再下降的变化趋势，样本年间由产业间要素配置扭曲所导致的平均 TFP 损失程度为 100.4%，其中，资本要素配置扭曲导致 TFP 损失 87.2%，而劳动要素仅为 9.8%，产业间资本要素配置扭曲程度远大于劳动要素配置扭曲程度。分产业检验结果显示，样本年间金融业的要素配置状况持续恶化，可能是导致产业间资本要素配置扭曲的主要原因。

第6章　国有企业上游垄断影响资源配置效率的实证分析

基于前面理论和测算结果，本章利用中国省际层面的面板数据实证考察国有企业上游垄断对中国资源配置效率的作用方向和作用程度。

6.1　模型设定、变量说明与数据来源

6.1.1　模型设定

为考察国有企业上游垄断对中国资源配置效率的影响，本节构建计量模型如下：

$$
\begin{aligned}
\text{abslnd}_{it}^{k} = {} & c + \beta_1 \text{pups}_{it} + \beta_2 \text{pups}_{it}^2 + \beta_3 \text{soeshare}_{it} \\
& + \beta_4 \text{pups}_{it} \cdot \text{soeshare}_{it} + \sum_m \gamma_m C_{it} + u_i + \varepsilon_{it}
\end{aligned} \tag{6.1}
$$

$$
\begin{aligned}
\text{abslnd}_{it}^{l} = {} & c + \beta_1 \text{pups}_{it} + \beta_2 \text{pups}_{it}^2 + \beta_3 \text{soeshare}_{it} \\
& + \beta_4 \text{pups}_{it} \cdot \text{soeshare}_{it} + \sum_m \gamma_m C_{it} + u_i + \varepsilon_{it}
\end{aligned} \tag{6.2}
$$

其中，下标 i 和 t 分别代表地区和年份。abslnd_{it}^{k}和 abslnd_{it}^{l}是被解释变量，分别表示地区资本和劳动要素配置扭曲程度；pups_{it}是国有企业上游度；soeshare_{it}是国有企业份额。考虑到国有企业上游垄断对中国省际要素配置扭曲的非线性效应，本章同时引入了国有企业上游度的平方项 pups_{it}^2及其与国有企业份额的交乘项 $\text{pups}_{it} \cdot \text{soeshare}_{it}$。$C_{it}$是一系列控制变量，$u_i$ 表示个体效应，ε_{it}为扰动项，c 为常数项。

式（6.1）和式（6.2）为静态面板模型，考虑到经济惯性的影响，要素配置扭曲可能存在一定的路径依赖（袁志刚，2013）。因此，参考

白俊红和刘宇英（2018）、胡兵等（2013）等的做法，在式（6.1）和式（6.2）的基础上加入被解释变量的一阶滞后，以控制可能的动态效应。动态面板模型设定如下：

$$abslnd_{it}^{k} = c + \tau abslnd_{i,t-1}^{k} + \beta_1 pups_{it} + \beta_2 pups_{it} + \beta_3 soeshare_{it} + \beta_4 pups_{it} \cdot soeshare_{it} + \sum_m \gamma_m C_{it} + u_i + \varepsilon_{it} \quad (6.3)$$

$$abslnd_{it}^{l} = c + \tau abslnd_{i,t-1}^{l} + \beta_1 pups_{it} + \beta_2 pups_{it} + \beta_3 soeshare_{it} + \beta_4 pups_{it} \cdot soeshare_{it} + \sum_m \gamma_m C_{it} + u_i + \varepsilon_{it} \quad (6.4)$$

其中 $abslnd_{i,t-1}^{k}$ 和 $abslnd_{i,t-1}^{l}$ 分别表示资本要素配置扭曲程度 d_{it}^{k} 和劳动要素配置扭曲程度 d_{it}^{l} 的一阶滞后。

式（6.1）~式（6.4）包含核心解释变量国有企业上游度 $pups_{it}$ 的二次项及其与国有企业份额 $soeshare_{it}$ 的交乘项，为考察其对被解释变量的综合影响，需计算其偏效应：

$$\frac{\partial abslnd_{it}^{j}}{\partial pups_{it}} = \beta_1 + 2\beta_2 pups_{it} + \beta_4 soeshare_{it}, \ j = k, \ l \quad (6.5)$$

6.1.2 变量说明

1. 被解释变量：要素配置扭曲程度（$abslnd_{it}^{k}$ 和 $abslnd_{it}^{l}$）

$abslnd_{it}^{k}$ 是对之前 5.1.4 节所测各地区资本要素配置扭曲程度 d_{it}^{k} 先取对数再取绝对值；类似的，$abslnd_{it}^{l}$ 是对劳动要素配置扭曲程度 d_{it}^{l} 先取对数再取绝对值。之所以要对原始数据进行对数绝对值处理，是因为资本要素配置扭曲程度 d_{it}^{k} 和劳动要素配置扭曲程度 d_{it}^{l} 存在要素配置不足（<1）和要素配置过度（>1）两种情况，越接近于 1 表示要素配置越合理，越远离 1 表示要素配置越扭曲。对原始数据取对数绝对值可以使回归结果有经济意义：当回归系数为正，即解释变量与被解释变量同向变动时，表明国有企业上游垄断对要素配置扭曲程度有正向影响，国有企业上游垄断恶化了资源配置效率；反之，当回归系数为负，即解释变量与被解释变量反向变动时，国有企业上游垄断对要素配置扭曲程度有负向影响，国有企业上游垄断改善了资源配置效率①。

2. 核心解释变量：国有企业上游度（$pups_{it}$）和国有企业份额（$soeshare_{it}$）

$pups_{it}$取自 4. 3. 1 节所测各地区国有企业上游度。参考王永进和刘灿雷（2016）的做法，用国有企业上游度衡量国有企业上游垄断水平。前面 4. 3. 3 节发现国有企业上游度与国有企业上游垄断势力的变化趋势高度趋同，二者具有很强的相关性，表明国有企业上游化攀升的同时，伴随着国有企业上游垄断势力的增强。$soeshare_{it}$的取值用各地区国有企业固定资产投资额占地区固定资产投资额的比重衡量。

3. 控制变量

除了国有企业上游度和国有企业份额以外，其他因素也会对地区要素配置扭曲程度产生影响。参考已有研究，本章在上述计量模型中同时加入以下几个控制变量：

（1）贸易开放度（trade）。梅丽兹（2003）认为开放经济条件下，出口贸易能够改善产业内的要素配置扭曲。贸易开放使市场规模由国内扩大到国际，企业面临更为激烈的国际市场竞争，迫使企业提高效率以适应新的市场环境。在此过程中，低效率企业由于无法适应激烈的市场竞争环境而被迫退出，高效率企业却得以生存，由此促进了生产要素从低效率企业向高效率出口企业流动，产业内要素配置扭曲得以改善。但是在转型经济市场条件下，中国企业的出口存在要素配置扭曲，出口部门可能存在“生产率悖论”：即出口企业的生产率反而低于非出口企业（张杰等，2011；施炳展和冼国明，2012）。具体来说，在出口导向型战

① 当然，将原始数据减 1 后取绝对值可以达到类似的效果［参见白俊红和刘宇英（2018）以及季书涵等（2016）］，但考虑到原始数据的特性——即资本要素配置扭曲程度（d_{it}^{k}）和劳动要素配置扭曲程度（d_{it}^{l}）的取值虽然在 1 左右波动，但必须为正数，因此向 1 的左侧偏离的幅度有限（在 1 单位以内），向右侧偏离的程度理论上没有限制（如 d_{it}^{l}的最大取值为 4. 47，向 1 的右侧偏离了 3. 37 个单位），将原始数据减 1 后取绝对值并不能消除这种在 1 左右两侧取值的不对等，由此导致对要素配置过度时（即原始数据向 1 的右侧偏离）的赋值水平高于对要素配置不足时（即原始数据向 1 的左侧偏离）的赋值水平，而因为对数函数的特性（在 1 左右两侧的取值理论上都可以趋于无穷），对原始数据取对数绝对值一定程度上可以消除这种不对等。后文将原始数据做减 1 后取绝对值处理来进行稳健性检验。

略指引下，政府为促进出口而采取的出口补贴、出口退税等优惠政策压低了要素市场价格，使得过多的生产要素被配置到一些生产率低的出口企业，反而恶化了要素配置扭曲。本章用各地区人均进出口贸易额的对数衡量贸易开放程度。

（2）外资依存度（fdi）。外资进入对东道国要素配置扭曲的影响是双向的。一方面，外资进入通过弥补资本缺口、促进市场竞争和技术溢出效应改善了东道国的要素配置扭曲。例如，外资的进入弥补了东道国经济发展中资本积累的不足，外资与东道国的劳动力、土地、自然资源等生产要素相结合形成更为合理的要素配置结构，有利于提高要素配置效率；再者，外资的进入打破了东道国原有的市场均衡，加剧了市场竞争，迫使在位企业努力提高效率，那些无法适应新的市场竞争环境的低效率企业被迫退出市场，使得生产要素再配置到生产效率更高的企业，从而改善了要素配置扭曲；此外，高效率外资企业先进的生产技术和管理经验也会通过示范效应、模仿学习、人员流动等途径产生技术外溢效应，促进东道国企业改善生产、管理方式，从而提升要素使用效率。但在另一方面，各级地方政府在吸引外资时所采取的优惠措施，如给予外资企业以投资优惠、税收优惠等“超国民待遇”，导致国内外企业在同一市场进行竞争时处于不平等地位，反而会加剧要素配置扭曲。本章用各地区人均实际利用外商直接投资额的对数来衡量外资依存度。

（3）政府干预（government）。不同于西方发达的市场经济国家，转型时期的中国市场制度尚不健全，政府对经济存在不同程度的干预，例如政府会实施特定的产业扶持政策或倾向于某些企业的优惠政策以促进经济增长和充分就业。政府对经济的干预使得要素配置呈现出非市场化特征，导致生产要素不能通过市场价格机制合理配置，使得生产率低的企业配置了过多的生产资源，而生产率高的企业反而难以获得发展所必需的生产资源。尤其是在财政分权改革后，地方政府之间的 GDP 和税收竞赛可能会加剧地方市场分割，阻碍了生产要素的跨地区流动，使得要素配置发生扭曲（韩剑和郑秋玲，2014；宋马林和金培振，2016）。本章用人均地方财政一般预算支出的对数来衡量政府干预经济的能力。

（4）产业结构（stracture）。随着经济发展水平的不断提升，产业结构也随之向高级化、合理化方向调整（付凌晖，2010）。产业结构的动态调整，使得生产要素在不同产业部门之间得以重新配置，劳动、资本等生产要素从生产率低的部门流向生产率高的部门，从而提升了经济均衡水平（吕铁和周叔莲，1999；何德旭和姚战琪，2008），改善了要素配置扭曲。本章用地区第三产业产值占地区 GDP 的比重来衡量产业结构。

（5）市场化程度（market）。市场化水平反映了竞争机制和价格机制的发展水平。市场化程度较高说明价格能够真实地反映市场的供求关系（田荣华，2015），从而有利于要素的优化配置。本章用樊纲等（2011）和王小鲁等（2017）所测中国分地区市场化指数来衡量市场化程度。由于王小鲁等（2017）与樊纲等（2011）所测数据的基期有所不同，一些指标也做出了调整，为此，本章通过设置虚拟变量（D）来控制这一变动。具体方法如下：

首先，设置虚拟变量（D）如下：

$$D=\begin{cases}1, & t\leqslant 2007\\0, & t\geqslant 2008\end{cases}$$

然后，在式（6.1）~式（6.4）的右边加上 D 与 market · D，这样市场化程度在 2008 年前后两个时间段上将有不同的截距和斜率，从而控制了市场化指数变动所造成的影响[①]。

（6）经济发展水平（pgdp）。随着地区经济发展水平的提升，地区居民的消费结构也随之发生变迁。由此带动本地区和周边地区产业结构随之发生调整。使得生产要素在各产业部门之间流动性增强，有利于实现资源的有效配置。本章用各地区人均 GDP 的对数来控制各地区的经济发展水平。

6.1.3　数据来源

本章所选样本为中国 27 个省级行政单位 1993 ~2017 年的平衡面板数据[②]。之所以以 1993 年为研究起点，是因为 1993 年前后的数据统计

① 市场化指数目前可得的数据范围为 1997 ~2016 年，对于缺失年份的数据，用线性插值法填补。具体而言，2017 年缺失数据根据 2008 ~2016 年的平均变化率前推得到，1993 ~1996 年的缺失数据根据 1997 ~2007 年的平均变化率后推得到。

② 不含中国港澳台地区，西藏自治区由于数据缺失太多而予以剔除；此外，在前面测算核心变量“各省国有工业企业上游度指标”时，吉林、海南和甘肃三省缺失数据太多，也予以剔除。

口径有较大差异，而且 1993 年之前的数据可得性也较差。本章所用数据除特别说明外全部来源于国家统计局网站、Wind 数据库和各省份历年统计年鉴。本章所使用的主要变量及其定义如表 6－1 所示，对这些变量的描述性统计如表 6－2 所示。

表 6－1　　主要变量及其定义

变量	符号	定义
资本要素配置扭曲程度	abslndk	各地区的资本要素配置扭曲程度取对数绝对值
劳动要素配置扭曲程度	abslndl	各地区的劳动要素配置扭曲程度取对数绝对值
国有企业上游度	pups	各地区的国有工业企业上游度
国有企业份额	soeshare	各地区国有企业固定资产投资额占地区固定资产投资额的比重
贸易开放度	lnptrade	各地区人均进出口总额的对数［以美元计价的进出口总额根据人民币对美元汇率（年平均价）换算成人民币］
外资依存度	lnpfdi	各地区人均实际利用外商直接投资额的对数［以美元计价的实际利用外商直接投资额根据人民币对美元汇率（年平均价）换算成人民币］
政府干预	lnpgovernment	各地区人均地方财政一般预算支出的对数
产业结构	structure	各地区第三产业增加值占 GDP 的比重
市场化程度	market	采用樊纲等（2011）以及王小鲁等（2017）测算的中国分地区市场化指数，缺失数据使用线性插值法填补
经济发展水平	lnpgdp	各地区人均地区生产总值的对数

资料来源：笔者整理。

表 6－2　　主要变量的描述性统计

变量	观测值	均值	标准差	最小值	最大值
abslndk	675	0. 194866	0. 170384	0. 000359	1. 040206
abslndl	675	0. 524577	0. 365433	0. 001852	1. 782988
pups	675	3. 910845	0. 553917	2. 765656	5. 215151
soeshare	675	0. 409411	0. 168811	0. 100996	0. 894702

续表

变量	观测值	均值	标准差	最小值	最大值
lnptrade	675	7.859735	1.762073	4.061209	11.79773
lnpfdi	675	5.695224	1.530427	2.118671	9.048908
lnpgovernment	675	7.715638	1.322746	4.809536	10.35581
structure	675	0.405108	0.084079	0.275736	0.805562
market	675	5.502415	2.185109	-0.05	11.71
lnpgdp	675	9.623065	1.043528	7.118016	11.76752

资料来源：笔者计算。

6.2 基准模型实证结果分析

基于 1993 ~ 2017 年中国 27 个省份的面板数据，国有企业上游度对中国资本和劳动要素配置扭曲的基准回归结果如表 6 - 3 所示。

首先运用静态面板模型的估计方法对式（6.1）和式（6.2）进行估计，如表 6 - 3 中模型（1）和模型（4）所示。模型（1）中，Hausman 检验结果表明，没有理由拒绝个体效应与解释变量不相关的原假设，因此，应该使用随机效应（random effects，RE）模型，而非固定效应（fixed effects，FE）模型对资本要素配置扭曲进行回归。而在模型（4）中，Hausman 检验强烈地拒绝了个体效应与解释变量不相关的原假设，因此，应该使用 FE 模型对劳动要素配置扭曲进行回归。

表 6 - 3 基准回归：国有企业上游度与资本和劳动要素配置扭曲程度

变量	absIndk			absIndl		
	RE	差分 GMM	系统 GMM	FE	差分 GMM	系统 GMM
	模型（1）	模型（2）	模型（3）	模型（4）	模型（5）	模型（6）
L1. y		0.703*** (0.0986)	0.756*** (0.127)		0.628*** (0.209)	0.442** (0.218)
pups	0.145 (0.149)	0.236* (0.128)	0.291** (0.132)	0.544*** (0.195)	0.502*** (0.119)	0.486*** (0.121)
$pups^2$	-0.00771 (0.0166)	-0.0214* (0.0129)	-0.0270** (0.0132)	-0.0452** (0.0217)	-0.0527*** (0.0136)	-0.0504*** (0.0136)

续表

变量	absIndk			absIndl		
	RE	差分 GMM	系统 GMM	FE	差分 GMM	系统 GMM
	模型（1）	模型（2）	模型（3）	模型（4）	模型（5）	模型（6）
soeshare	0.428 (0.325)	0.699** (0.316)	0.764** (0.318)	1.799*** (0.425)	1.251*** (0.314)	1.204*** (0.297)
pups · soeshare	-0.158** (0.0805)	-0.174** (0.0841)	-0.202** (0.0878)	-0.483*** (0.105)	-0.284*** (0.0675)	-0.287*** (0.0632)
lnptrade	-0.0282** (0.0126)	0.0249 (0.0157)	0.0134 (0.0139)	-0.0114 (0.0199)	0.00533 (0.0163)	0.0308* (0.0162)
lnpfdi	-0.00476 (0.00797)	0.0279* (0.0156)	0.0268 (0.0165)	0.0560*** (0.0107)	0.0142 (0.0451)	-0.0196 (0.0389)
lnpgovernment	0.0800*** (0.0261)	0.0305 (0.0276)	0.0129 (0.0285)	-0.113*** (0.0426)	0.0229 (0.0264)	0.0222 (0.0256)
structure	0.748*** (0.118)	0.515*** (0.148)	0.476*** (0.145)	0.844*** (0.171)	0.752** (0.355)	0.954*** (0.241)
market	-0.0229*** (0.00719)	-0.00277 (0.00429)	-0.00157 (0.00453)	0.00986 (0.00984)	0.00735 (0.00897)	0.0120 (0.00857)
d	-0.164*** (0.0528)	-0.0467 (0.0620)	-0.0471 (0.0627)	0.183*** (0.0703)	0.307 (0.198)	0.408*** (0.155)
market · d	0.0190*** (0.00636)	0.00819 (0.00886)	0.00906 (0.0101)	-0.0464*** (0.00833)	-0.0516* (0.0313)	-0.0659*** (0.0240)
lnpgdp	-0.0546 (0.0382)	-0.0897** (0.0408)	-0.0627 (0.0427)	0.0734 (0.0548)	-0.0589 (0.0418)	-0.0948* (0.0497)
Constant	-0.185 (0.379)	-0.466 (0.392)	-0.611* (0.372)	-1.294** (0.502)	-1.078*** (0.402)	-0.702 (0.449)
Hausman 检验	0.1299			0.0000		
AR（1）		0.0728	0.0726		0.1110	0.5207
AR（2）		0.3951	0.3664		0.8418	0.1885
Sargan 检验		1.0000	1.0000		1.0000	1.0000
观测值	675	621	648	675	621	648

注：①***、**、*分别表示在1%、5%、10%的水平上显著，括号内数字为相应的标准误；②Hausman 检验、AR（1）、AR（2）和 Sargan 检验分别提供检验的 p 值；③L1. y 代表被解释变量的滞后一期。

资料来源：笔者计算。

要素配置扭曲可能存在一定的路径依赖，即过去的要素配置扭曲状况也会对当期的要素配置扭曲产生影响。因此，本章建立包含被解释变量一阶滞后的动态面板模型，同时使用广义矩估计（generalized method of moments，GMM）方法进行回归，以处理可能的内生性问题。为了结果的稳健性，本章同时使用差分 GMM 和系统 GMM 对国有企业上游度与要素配置扭曲的关系进行回归。表6－3中，模型（2）和模型（5）为差分 GMM 模型的估计结果，模型（3）和模型（6）为系统 GMM 模型的估计结果。为满足一致性要求，GMM 要求工具变量具有严格外生性，并且扰动项不存在自相关，为此需要对估计结果进行 Sargan 检验和 Arellano－Bond 序列相关检验。表6－3中 Sargan 检验的结果表明所有模型的工具变量都是有效的。AR（2）的检验结果表明，所有模型均接受原假设，即认为差分方程的残差序列不存在二阶序列相关，模型通过了自相关检验。所有模型均通过了 Sargan 检验和 Arellano－Bond 序列相关检验，因此差分 GMM 和系统 GMM 方法的回归结果满足一致性要求。

如表6－3所示，除模型（1）以外，核心变量国有企业上游度（pups）对资本要素配置扭曲（abslndk）和劳动要素配置扭曲（abslndl）的一次效应均显著为正，二次效应均显著为负，国有企业上游度对地区间要素配置扭曲的影响呈倒“U”型，表明国有企业上游垄断对国内资源配置效率存在正负两方面的影响，具体作用方向取决于正负两方作用力的相对大小。国有企业份额（soeshare）对资本和劳动要素配置扭曲的一次效应均显著为正，表明国有企业的存在显著恶化了所在地区的资源配置效率。特别的，国有企业上游度和国有企业份额的交乘项（pups · soeshare）在所有模型中均显著为负，表明国有企业份额越高的地方，国有企业上游垄断对资源配置效率的改善作用越强，国有企业上游度和国有企业份额的联合作用显著。模型（1）的回归系数与其他模型的方向相同，只是某些变量的系数不显著。总体而言，本节实证结果对不同回归方法和不同模型具有稳健性。表6－3动态面板的回归结果还显示，被解释变量的一阶滞后均在5%的显著性水平上显著，一定程度上说明资本和劳动要素配置扭曲存在一定的路径依赖，过去的扭曲会影响当期的扭曲水平。

模型（1）～模型（6）包含核心解释变量国有企业上游度（pups）

的二次项及其与国有企业份额（soeshare）的交乘项，故国有企业上游度对资本和劳动要素配置扭曲的作用受其本身的值及国有企业份额的影响。为考察平均水平下，国有企业上游度对资本和劳动要素配置扭曲的综合影响，根据式（6.5）并以模型（3）和模型（6）系统GMM的回归系数为例分别计算国有企业上游度对资本和劳动要素配置扭曲的偏效应，并代入历年国有企业上游度和国有企业份额的各省份均值，结果如图6－1所示。

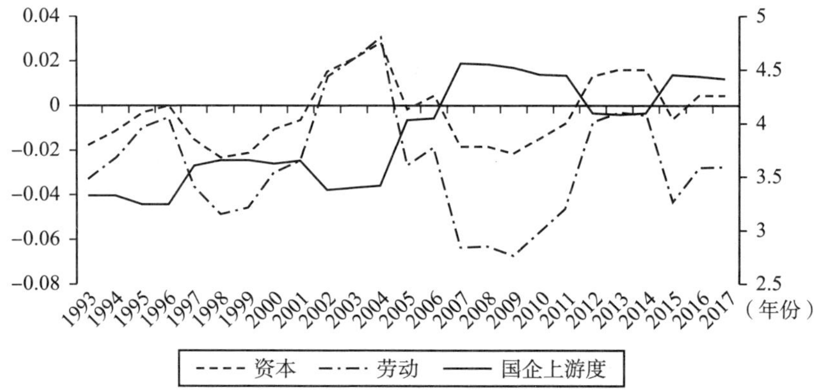

图6－1　国有企业上游度及其对资本和劳动要素配置扭曲偏效应的联合变化趋势

资料来源：笔者绘制。

从图6－1可以看出，国有企业上游度对资本和劳动要素配置扭曲偏效应的变动趋势大体一致，只是幅度有所差异，且与国有企业上游度反向变动。也即，当国有企业沿产业链向上游攀升时，由“竞争退出效应”所导致的资源配置效率的改善，大于由“直接抑制效应”和“间接拖累效应”所导致的资源配置效率的恶化，要素配置扭曲程度有所下降；而当国有企业沿产业链进入下游产业时，由“直接抑制效应”和“间接拖累效应”所导致的资源配置效率的恶化，大于由“竞争退出效应”所导致的资源配置效率的改善，要素配置扭曲程度趋于上升。并且由于国有企业总体上向上游攀升，所以在多数年份，国有企业上游垄断倾向于改善资源配置效率，仅在少数国有企业沿产业链进入下游的年份，国有企业上游垄断恶化了资源配置效率。相对而言，国有企业上游垄断对劳动要素配置扭曲的改善程度大于对资本要素配置扭曲的改善程度。可能的原因是国有企业退出的下游产业多为劳动密集型产业，因此国有企业上游化攀升释放了大量劳动力，有利于劳动要素配置扭曲的改善；同时国有企业仍牢牢掌控上游资本密集型产业，因此国有企业上游垄断对资本要素配置扭曲的改善程度较小。

就控制变量的回归结果来说，静态面板模型与动态面板模型存在一定的差异。相比而言，动态面板模型由于考虑了被解释变量的路径依赖，以及内生性等问题，因此其回归结果较静态面板模型更为可靠。进一步地，系统 GMM 模型同时将差分方程和水平方程结合在一起进行分析，其估计效率较仅使用差分方程进行回归分析的差分 GMM 为高。因此本章主要以系统 GMM 的回归结果为准进行分析，同时参照差分 GMM 的回归结果进行对比分析。

从表 6－3 可以看出，贸易开放度（lnptrade）对劳动要素配置扭曲的回归系数为正且显著，对资本要素配置扭曲的影响为正但不显著。表明贸易开放恶化了劳动要素配置效率，这与梅丽兹（2003）的研究结果相反。可能的原因是，在转型经济市场条件下，中国企业的出口存在要素配置扭曲，出口部门可能存在“生产率悖论”：即出口企业的生产率反而低于非出口企业（张杰等，2011；施炳展和冼国明，2012）。具体来说，在出口导向型战略指引下，政府为促进出口而采取的出口补贴、出口退税等优惠政策压低了要素市场价格，使得过多的劳动要素被配置到一些生产率低的出口企业，反而恶化了劳动要素配置扭曲。外资依存度（lnpfdi）对资本和劳动要素配置扭曲的回归系数在系统 GMM 中并不显著，而在差分 GMM 回归中，外资依存度对资本要素配置扭曲的影响显著为正。一定程度上说明当前外资的进入恶化了资本要素配置扭曲程度，可能的原因是，各级地方政府在吸引外资时采取了一系列的优惠措施，如给予外资企业以投资优惠、税收优惠等“超国民待遇”，导致国内外企业在同一市场进行竞争时处于不平等地位，加剧了资本要素配置扭曲。政府干预（lnpgovernment）对资本和劳动要素配置扭曲的回归系数为正但均不显著。产业结构（stracture）在所有模型中均显著为正，表明第三产业的发展恶化了资本和劳动要素配置扭曲，这与理论的预测相反。这一方面可能与中国当前第三产业的发展水平相关，比如第三产业内部低生产率劳动密集型服务业占比过高，导致劳动力由其他产业部门向第三产业部门转移时不但没有改善劳动要素配置效率，反而加剧了劳动要素配置扭曲。另一方面本书 5. 2. 4 节关于中国分产业劳动和资本要素配置扭曲程度的测算结果表明，制造业和采矿业等工业部门的要素配置扭曲程度逐步改善，而多数服务业产业的要素配置扭曲程度却没有得到改善，甚至进一步恶化，尤其是对资本要素，其扭曲程度较劳动要素更甚。因此，产业结构向第三产业转移并没有相应改善中国的资本和劳动要素配置效率。市场化程度（market）对资本要素配置扭曲的系数为负，对劳动要素配置扭曲的系数为正，但均不显著。值得注意的是，在系统 GMM 估计中，虚拟变量 d 及其与市场化程度的交乘项（market · d）对劳动要素配置扭曲的回归系数均显著，表明 2008 年前后的市场化程度对劳动要素配置扭曲的影响有显著差异。经济发展水平（lnpgdp）对资本和劳动要素配置扭曲的回归系数均为负，且在对资本要素配置扭曲的差分 GMM 回归以及在对劳动要素配置扭曲的系统 GMM 回归中显著。表明随着经济发展水平的提升，居民消费结构随之发生变迁，由此带动本地区和周边地区产业结构随之发生调整，使得生产要素在各产业部门之间流动性增强，有利于实现资本和劳动要素的有效配置。

6.3 稳健性检验

基准回归所用被解释变量 $absln d_{it}^{k}$ 和 $absln d_{it}^{l}$ 是对 5. 1. 4 节所测各地区资本要素配置扭曲程度（d_{it}^{k}）和劳动要素配置扭曲程度（d_{it}^{l}）先取对数再取绝对值得出，为进一步检验结论的稳健性，参考白俊红和刘宇英（2018）以及季书涵等（2016）的方法，本节将原始数据做减 1 后取绝对值的标准化处理来进行稳健性检验。原始的资本要素配置扭曲程度（d_{it}^{k}）和劳动要素配置扭曲程度（d_{it}^{l}）存在要素配置不足（ <1）和要素配置过度（ >1）两种情况，越接近于 1 表示要素配置越合理，越远离 1 表示要素配置越扭曲。对原始数据减 1 取绝对值后得到新的变量 d_ks 和 d_ls。其中 d_ks 和 d_ls 的取值非负，数值越大，表示要素配置扭曲程度越大。当回归系数为正，即解释变量与被解释变量同向变动时，表明国有企业上游垄断对要素配置扭曲程度有正向影响，国有企业上游垄断恶化了资源配置效率；反之，当回归系数为负，即解释变量与被解释变量反向变动时，国有企业上游垄断对要素配置扭曲程度有负向影响，国有企业上游垄断改善了资源配置效率。稳健性检验的回归结果如表 6 - 4 所示。

表 6 - 4　　稳健性检验：国有企业上游度与资本和劳动要素配置扭曲程度

变量	d_ks			d_ls		
	RE	差分 GMM	系统 GMM	FE	差分 GMM	系统 GMM
	模型（1）	模型（2）	模型（3）	模型（4）	模型（5）	模型（6）
L1. y		0. 796 *** (0. 110)	0. 810 *** (0. 135)		0. 757 *** (0. 146)	0. 718 *** (0. 0958)
pups	0. 169 (0. 193)	0. 383 ** (0. 160)	0. 457 *** (0. 176)	0. 774 *** (0. 288)	0. 320 * (0. 173)	0. 256 * (0. 155)
$pups^2$	-0. 0101 (0. 0215)	-0. 0374 ** (0. 0164)	-0. 0449 ** (0. 0177)	-0. 0659 ** (0. 0322)	-0. 0300 (0. 0197)	-0. 0243 (0. 0179)
soeshare	0. 484 (0. 422)	1. 031 *** (0. 377)	1. 124 *** (0. 409)	2. 010 *** (0. 629)	1. 529 *** (0. 444)	1. 265 *** (0. 379)
pups · soeshare	-0. 172 * (0. 104)	-0. 242 ** (0. 102)	-0. 286 ** (0. 116)	-0. 579 *** (0. 156)	-0. 310 *** (0. 103)	-0. 252 *** (0. 0930)
lnptrade	-0. 0365 ** (0. 0163)	0. 0454 ** (0. 0180)	0. 0248 (0. 0163)	-0. 0395 (0. 0295)	0. 0109 (0. 0232)	0. 0313 (0. 0199)
lnpfdi	-0. 0103 (0. 0103)	0. 0271 * (0. 0160)	0. 0238 (0. 0181)	0. 0684 *** (0. 0158)	0. 0340 (0. 0301)	0. 0378 (0. 0276)
lnpgovernment	0. 148 *** (0. 0335)	0. 0280 (0. 0358)	-0. 0158 (0. 0356)	-0. 0303 (0. 0630)	0. 000377 (0. 0422)	-0. 0221 (0. 0347)
structure	0. 745 *** (0. 153)	0. 676 *** (0. 195)	0. 628 *** (0. 187)	0. 926 *** (0. 252)	0. 810 ** (0. 341)	0. 990 *** (0. 283)
market	-0. 0328 *** (0. 00931)	-0. 00357 (0. 00523)	-0. 00147 (0. 00499)	0. 0363 ** (0. 0146)	0. 0186 *** (0. 00659)	0. 0139 *** (0. 00479)
d	-0. 206 *** (0. 0684)	0. 00960 (0. 0784)	0. 0327 (0. 0674)	0. 0981 (0. 104)	0. 303 ** (0. 134)	0. 290 *** (0. 112)

续表

变量	d_ks			d_ls		
	RE	差分 GMM	系统 GMM	FE	差分 GMM	系统 GMM
	模型（1）	模型（2）	模型（3）	模型（4）	模型（5）	模型（6）
market · d	0.0177 ** (0.00824)	-0.000197 (0.0113)	-0.00273 (0.0108)	-0.0159 (0.0123)	-0.0438 ** (0.0218)	-0.0431 ** (0.0182)
lnpgdp	-0.0898 * (0.0494)	-0.0998 ** (0.0489)	-0.0315 (0.0496)	-0.162 ** (0.0811)	-0.0593 (0.0478)	-0.0590 (0.0450)
Constant	-0.232 (0.491)	-0.937 ** (0.477)	-1.212 ** (0.493)	-0.208 (0.742)	-0.925 (0.648)	-0.795 (0.567)
Hausman 检验	0.1003			0.0000		
AR（1）		0.0922	0.0706		0.1471	0.1462
AR（2）		0.8307	0.8573		0.2859	0.2860
Sargan 检验		1.0000	1.0000		1.0000	1.0000
观测值	675	621	648	675	621	648

注：①***、**、*分别表示在1%、5%、10%的水平上显著，括号内数字为相应的标准误；②Hausman 检验、AR（1）、AR（2）和 Sargan 检验分别提供检验的 p 值；③L1. y 代表被解释变量的滞后一期。

资料来源：笔者计算。

从表6-4可以看出，所有模型的一阶滞后项均显著为正，且通过了 Arellano-Bond 序列相关检验和 Sargan 检验，表明动态面板的估计结果是一致且有效的。对比表6-3和表6-4可以看出，改变被解释变量后，核心变量回归系数的符号和显著性基本不变，仅在对劳动要素配置扭曲进行动态面板回归时，国有企业上游度平方项（pups2）的系数不再显著。控制变量回归系数的符号和方向与基准回归也基本一致，表明本书的结论具有稳健性。

6.4 本章小结

本章基于省际面板数据，实证考察国有企业上游垄断对资源配置效率的影响。研究发现，国有企业上游度对资本和劳动要素配置扭曲的一次效应均显著为正，二次效应均显著为负，国有企业上游度对资源配置效率的影响呈倒“U”型，表明国有企业上游垄断对国内资源配置效率存在正负两方面的影响。平均来看，国有企业上游度与资本和劳动要素配置扭曲反向变动。在多数年份，国有企业上游垄断倾向于改善要素配置扭曲，仅在少数国有企业沿产业链进入下游的年份，国有企业上游垄断恶化了要素配置扭曲。相对而言，国有企业上游垄断对劳动要素配置扭曲的改善程度大于对资本要素配置扭曲的改善程度。改变被解释变量测度方法后，结论依然稳健。

第 7 章　国有企业上游垄断影响资源配置效率的空间效应

本书迄今为止假设各地区之间的经济变量相互独立，但现实中各地区之间存在着广泛的经济联系。托布勒（Tobler，1970）提出，“所有事物都与其他事物相关联，并且较近的事物之间比较远的事物之间联系更紧密”①。研究表明，中国各地区之间的经济关联程度越来越强，主要经济变量在各地区间表现出明显的空间聚集特征：即存在高值与高值以及低值与低值的空间聚集特征。各地区国有企业上游垄断并非仅仅对本地区资源配置效率产生影响，还会对其他地区，尤其是空间临近地区产生影响，而其他地区资源配置效率的改变又会反作用于本地区的资源配置效率。因此，为全面考察国有企业上游度对资源配置效率的作用，有必要将空间因素纳入模型之中。

7.1　构建空间权重矩阵

进行空间计量分析的前提是度量各地区之间的空间距离，这一点一般通过构建空间权重矩阵来进行。最简单的空间权重矩阵是 0 - 1 相邻空间矩阵，记 $n \times n$ 的 0 - 1 相邻空间权重矩阵为 W^{01}（n 为地区个数，下同），其第（i，j）个元素为：

$$w_{ij}^{01} = \begin{cases} 1, & \text{若 } i \text{ 地区和 } j \text{ 地区相邻} \\ 0, & \text{若 } i \text{ 地区和 } j \text{ 地区不相邻或 } i = j \end{cases}$$

0 - 1 相邻权重矩阵的缺点是：认为经济联系仅发生在相邻地区之

① Everything is related to everything else, but near things are more related than distant things，此即所谓的地理学第一定律（first law of geography）。

间，实际上全国各地区相互之间都存在一定程度的经济联系，不同地区之间经济联系的强度与其地理距离关系密切。为此，进一步根据各省份省会城市的经纬度计算各省份省会城市对之间的大圆距离（great circle distance）①，由此构建 $n \times n$ 的地理反距离空间矩阵 W^d，其第（i，j）个元素为：

$$w_{ij}^d = \begin{cases} \dfrac{1}{d_{ij}}, & 若\ i \neq j \\ 0, & 若\ i = j \end{cases}$$

其中，d_{ij}为地区 i 与地区 j 省会城市之间的大圆距离。

不同地区之间的经济联系不仅仅与其空间相邻关系或地理距离有关，也与相互之间的经济发展水平密切相关②。例如，河北在地理上与北京、天津、山东、河南、山西、内蒙古等地区相邻，但很明显河北省与北京和天津经济联系的密切程度要高于其他地区。为此，借鉴林光平等（2005）的做法，根据不同各地区之间的人均实际 GDP 的差值构建 $n \times n$ 经济距离权重矩阵 E，其第（i，j）个元素为：

$$E_{ij} = \begin{cases} \dfrac{1}{|\overline{Y}_i - \overline{Y}_j|}, & 若\ i \neq j \\ 0, & 若\ i = j \end{cases}$$

其中，$\overline{Y}_i$ 为地区 i 在样本期间人均实际 GDP 的平均值。这样，两个地区之间的经济发展水平越接近，其“经济距离”越远；反之则越近。

进一步地，为考察地理信息和经济信息两种因素的综合影响，本书同时构建经济 0－1 相邻空间权重矩阵 $Z^1 = W^{01} \cdot E$ 和经济地理反距离空间权重矩阵 $Z^2 = W^d \cdot E$，其第（i，j）个元素分别为 0－1 相邻权重矩阵 W^{01}和地理反距离权重矩阵 W^d 与经济距离权重矩阵 E 点乘所得 $n \times n$ 矩阵的第（i，j）个元素。后面在进行空间计量分析时分别使用五种空间权重矩阵进行对比分析。

① 指的是从地球表面的一点 A 出发到达地球表面上另一点 B，所经过的最短路径的长度。

② 本书 6.2 节基准模型的回归结果也表明，地区经济发展水平对资本和劳动要素扭曲有显著的改善作用。

7.2 空间自相关检验

在确定是否使用空间计量方法时，首先要考察数据是否存在空间自相关（spatial autocorrelation）。空间自相关是指空间距离较近的地区间具有相似的变量取值。如果高值与高值聚集在一起，低值与低值聚集在一起，则称为正空间自相关；反之，如果高值与低值聚集，则称为负空间自相关；而如果高值与低值完全随机分布，则不存在空间自相关。

常用的检验空间自相关性的指标是“莫兰指数”（Moran's Ⅰ），该方法由莫兰（Moran）于1950年提出，并流行至今。莫兰指数的构造方法为：

$$I = \frac{\sum_{i=1}^{n}\sum_{j=1}^{n} w_{ij}(x_i - \bar{x})(x_j - \bar{x})}{S^2 \sum_{i=1}^{n}\sum_{j=1}^{n} w_{ij}}$$

其中，$\bar{x}$ 为样本均值，$S^2 = \frac{1}{n}\sum_{i=1}^{n}(x_i - \bar{x})^2$ 为样本方差，w_{ij}为空间权重矩阵的第（i，j）各元素（用以度量地区 i 和地区 j 之间的距离）。莫兰指数 I 的取值通常介于（-1，1）之间，大于 0 表示正空间自相关，即高值与高值临近，低值与低值临近；小于 0 表示负空间自相关，即高值与低值临近；等于 0 表示变量的空间分布是完全随机的，不存在空间自相关。莫兰指数的绝对值越大表示空间相关性越强。表 7-1 以 0-1 相邻空间权重矩阵为例计算了核心变量的莫兰指数。

从表 7-1 可以看出，样本年间所有变量的莫兰指数均为正，表明存在正的空间自相关性，即高值与高值临近，低值与低值临近。且各核心变量的莫兰指数在多数年份表现出较强的显著性，仅资本要素配置扭曲程度（$absInd^k$）和劳动要素配置扭曲程度（$absInd^l$）的莫兰指数在部分年份不显著。就整体而言，样本年间不同地区间的资本要素配置扭曲程度（$absInd^k$）、劳动要素配置扭曲程度（$absInd^l$）、国有企业上游度（pups）和国有企业份额（soeshare）表现出较强的正空间自相关性。

表7-1 核心变量全局莫兰指数检验

年份	$absInd^k$	$absInd^l$	pups	soeshare	年份	$absInd^k$	$absInd^l$	pups	soeshare
1993	0.266***	-0.066	0.643***	0.400***	2006	0.216**	0.127	0.506***	0.413***
1994	0.332***	-0.063	0.632***	0.394***	2007	0.208**	0.099	0.444***	0.297**
1995	0.358***	0.034	0.606***	0.556***	2008	0.239**	0.072	0.298***	0.302**
1996	0.429***	0.027	0.598***	0.650***	2009	0.152*	0.062	0.314**	0.334***
1997	0.436***	0.016	0.579***	0.457***	2010	0.021	0.102	0.474***	0.412***
1998	0.448***	0.044	0.495***	0.501***	2011	-0.034	0.111	0.483***	0.436***
1999	0.455***	0.052	0.630***	0.498***	2012	-0.112	0.127	0.453***	0.442***
2000	0.324***	0.070	0.453***	0.303**	2013	-0.146	0.2**	0.451***	0.507***
2001	0.298***	0.108	0.549***	0.307**	2014	-0.108	0.234**	0.382***	0.574***
2002	0.289***	0.127	0.523***	0.350***	2015	-0.039	0.246**	0.400***	0.579***
2003	0.313***	0.123	0.443***	0.288**	2016	-0.007	0.268**	0.436***	0.489***
2004	0.347***	0.130	0.461***	0.341***	2017	0.041	0.294***	0.445***	0.481***
2005	0.322***	0.144*	0.445***	0.383***					

注：本表以0-1相邻矩阵为权重矩阵。***、**、*分别表示在1%、5%、10%的水平上显著。

资料来源：笔者计算。

上述莫兰指数也被称为“全局莫兰指数”（global Moran's Ⅰ），因为它考察的是所有地区的空间聚集情况。如果想考察某个地区附近的空间聚集情况，则可使用“局部莫兰指数”（local Moran's Ⅰ）。地区i的局部莫兰指数为：

$$I_i = \frac{(x_i - \bar{x})}{S^2}\sum_{j=1}^{n} w_{ij}(x_j - \bar{x})$$

局部莫兰指数为正表示地区i的高（低）值被周围地区的高（低）值所包围；反之，局部莫兰指数为负表示地区i的高（低）值被周围地区的低（高）值所包围。表7-2以0-1相邻权重矩阵和2017年的数据为例计算了核心变量的局部莫兰指数。

从表7-2可以看出，对于资本要素配置扭曲程度（$absInd^k$）、劳动要素配置扭曲程度（$absInd^l$）、国有企业上游度（pups）和国有企业份额（soeshare）中的任一核心变量，都存在若干地区，可以显著地拒绝

"无空间自相关"的原假设，与全局空间自相关的检验结果一致。总的来说，无论全局莫兰指数检验还是局部莫兰指数检验均表明核心变量存在较强的空间自相关性，适合进行空间计量回归。

表 7-2　　核心变量局部莫兰指数检验（2017 年）

省份	$absInd^k$	$absInd^l$	pups	soeshare	省份	$absInd^k$	$absInd^l$	pups	soeshare
北京	-0.636	1.221*	0.042	0.532	河南	-0.502	-0.431	0.025	0.178
天津	-0.61	1.302**	-0.108	0.852	湖北	0.589*	0.419	0.701**	0.029
河北	-0.005	-0.01	0.134	0.430	湖南	0.083	0.185	1.172***	0.043
山西	-0.097	0.129	1.203***	-0.092	广东	0.006	-0.01	0.062	0.280
内蒙古	0.023	0.785**	0.965***	-0.160	广西	-0.127	0.216	0.318	-0.126
辽宁	0.045	0.885	-0.731	-0.194	重庆	0.899**	0.649*	0.590	-0.202
黑龙江	0.189	0.099	1.361	-0.431	四川	-0.179	0.002	-0.045	0.413
上海	-0.018	0.877	0.689	0.271	贵州	0.158	0.02	0.235	0.217
江苏	-0.257	0.352	0.325	0.461	云南	-0.323	0.567	0.187	0.551
浙江	0.192	-0.096	0.063	0.305	陕西	0.072	0.694**	0.291	0.049
安徽	0.358	-0.1	0.054	0.171	青海	-1.094	-0.055	0.926	2.816***
福建	0.365	0.148	-0.125	0.307	宁夏	0.291	0.702	1.711***	0.521
江西	0.351	0.108	0.414	0.237	新疆	1.38	-0.067	1.574*	4.901***
山东	-0.044	-0.658	-0.017	0.624					

注：本表以 0-1 相邻矩阵为权重矩阵。***、**、* 分别表示在 1%、5%、10% 的水平上显著。

资料来源：笔者计算。

7.3　空间模型设定

鉴于样本年间核心变量显著的空间自相关特性，有必要采用空间面板计量模型来检验国有企业上游度对资本和劳动要素配置扭曲的影响。空间面板计量模型可以理解为在普通的面板回归中加入空间权重矩阵，常见的空间计量模型有：第一，空间权重矩阵加权于被解释变量并作为一个新的解释变量，则为空间自回归模型（spatial autoregression model,

SAR）；第二，空间权重矩阵作用于误差项，则为空间误差模型（spatial error model，SEM）；第三，空间权重矩阵同时加权于被解释变量和解释变量并分别作为新的解释变量，则为空间杜宾模型（spatial burbin model，SDM）。具体采用哪种模型需要进行计量检验。前面基准模型的实证结果表明，要素配置扭曲存在一定的路径依赖，过去资源配置效率会影响当期的资源配置效率。鉴于此，本节首先建立动态空间杜宾模型，并在后文计量分析时检验其是否可以退化为空间自回归模型或空间误差模型。动态空间杜宾模型的设定如下①：

$$\begin{aligned} absl nd_{it}^{k} = {} & \tau absl nd_{i,t-1}^{k} + \rho \sum_{j=1}^{n} w_{ij} absl nd_{jt}^{k} + \beta_1 pups_{it} + \beta_2 pups_{it}^{2} \\ & + \beta_3 soeshare_{it} + \beta_4 pups_{it} \cdot soeshare_{it} + \delta_1 \sum_{j=1}^{n} d_{ij} pups_{jt} \\ & + \delta_2 \sum_{j=1}^{n} d_{ij} pups_{jt}^{2} + \delta_3 \sum_{j=1}^{n} d_{ij} soeshare_{jt} \\ & + \delta_4 \sum_{j=1}^{n} d_{ij} pups_{jt} \cdot soeshare_{jt} \\ & + \sum\nolimits_{m} \gamma_m C_{it} + u_i + \varepsilon_{it} \end{aligned} \tag{7.1}$$

$$\begin{aligned} absl nd_{it}^{l} = {} & \tau absl nd_{i,t-1}^{l} + \rho \sum_{j=1}^{n} w_{ij} absl nd_{jt}^{l} + \beta_1 pups_{it} + \beta_2 pups_{it}^{2} \\ & + \beta_3 soeshare_{it} + \beta_4 pups_{it} \cdot soeshare_{it} + \delta_1 \sum_{j=1}^{n} d_{ij} pups_{jt} \\ & + \delta_2 \sum_{j=1}^{n} d_{ij} pups_{jt}^{2} + \delta_3 \sum_{j=1}^{n} d_{ij} soeshare_{jt} \\ & + \delta_4 \sum_{j=1}^{n} d_{ij} pups_{jt} \cdot soeshare_{jt} \\ & + \sum\nolimits_{m} \gamma_m C_{it} + u_i + \varepsilon_{it} \end{aligned} \tag{7.2}$$

其中，$\rho \sum_{j=1}^{n} w_{ij} abslnd_{jt}^{k}$ 和 $\rho \sum_{j=1}^{n} w_{ij} abslnd_{jt}^{l}$ 为被解释变量的空间滞后项；$\delta_1 \sum_{j=1}^{n} d_{ij} pups_{jt}$、$\delta_2 \sum_{j=1}^{n} d_{ij} pups_{jt}^{2}$、$\delta_3 \sum_{j=1}^{n} d_{ij} soeshare_{jt}$ 和 $\delta_4 \sum_{j=1}^{n} d_{ij} pups_{jt} \cdot soeshare_{jt}$

① 动态效应的设定通常有三种形式：（1）仅包含被解释变量的滞后项；（2）仅包含被解释变量滞后项的空间滞后；（3）同时包含被解释变量的滞后项和滞后项的空间滞后。但测算结果表明，被解释变量滞后项的空间滞后的系数在统计上并不显著，因此本书使用第一种动态效应，即在模型中加入被解释变量的时间滞后项。

为核心解释变量的空间滞后项；ρ 为空间自回归系数；w_{ij} 和 d_{ij} 分别为被解释变量和解释变量的空间权重矩阵的第（i，j）个元素[①]。其他变量和系数的定义同第6章式（6.1）~式（6.4）。

7.4 空间模型实证结果分析

表7－3和表7－4分别为国有企业上游度对资本要素配置扭曲和对劳动要素配置扭曲的动态空间杜宾模型的回归结果。Wald 检验的结果表明，所有模型均显著地拒绝了空间杜宾模型（SDM）可以退化为空间自回归模型（SAR）和空间误差模型（SEM）的原假设；被解释变量的一阶滞后均显著为正，表明要素配置扭曲存在一定的路径依赖，过去的要素配置扭曲程度会影响当期的要素配置扭曲程度；所有模型解释变量空间滞后项的系数均有通过显著性检验的，表明临近地区的国有企业上游度或国有企业份额也会对当地的要素配置扭曲产生影响。上述结果综合说明了动态空间杜宾模型适用于本书的空间计量分析。

表7－3 动态空间杜宾模型回归：国有企业上游度与资本要素配置扭曲程度

变量	0－1相邻	地理距离	经济距离	0－1相邻·经济距离	地理距离·经济距离
	模型（1）	模型（2）	模型（3）	模型（4）	模型（5）
Main					
L1. abslndk	1.055*** (62.270)	1.021*** (60.279)	1.054*** (61.992)	1.055*** (62.304)	1.056*** (62.242)
pups	0.142 (1.536)	0.033 (0.440)	0.068 (0.945)	0.107 (1.201)	0.076 (1.025)
$pups^2$	－0.016 (－1.457)	－0.002 (－0.261)	－0.006 (－0.771)	－0.015 (－1.414)	－0.007 (－0.923)
soeshare	0.508*** (3.203)	0.308** (2.081)	0.399*** (2.785)	0.199 (1.246)	0.336** (2.296)

① 本章对解释变量和被解释变量使用相同的空间权重矩阵。

续表

变量	0－1 相邻	地理距离	经济距离	0－1 相邻・经济距离	地理距离・经济距离
	模型（1）	模型（2）	模型（3）	模型（4）	模型（5）
pups・soeshare	－0. 116 *** （－2. 983）	－0. 068 * （－1. 890）	－0. 091 *** （－2. 609）	－0. 044 （－1. 132）	－0. 076 ** （－2. 138）
lnptrade	－0. 009 （－1. 350）	－0. 014 ** （－2. 024）	－0. 016 ** （－2. 301）	－0. 011 （－1. 603）	－0. 015 ** （－2. 259）
lnpfdi	0. 002 （0. 526）	－0. 000 （－0. 066）	－0. 000 （－0. 096）	－0. 000 （－0. 097）	－0. 001 （－0. 203）
lnpgovernment	0. 034 ** （2. 200）	0. 026 * （1. 694）	0. 026 * （1. 721）	0. 036 ** （2. 294）	0. 029 * （1. 889）
structure	0. 084 （1. 360）	0. 078 （1. 291）	0. 045 （0. 767）	0. 023 （0. 367）	0. 041 （0. 702）
market	0. 008 ** （2. 489）	0. 006 * （1. 682）	0. 006 * （1. 710）	0. 004 （1. 148）	0. 005 （1. 384）
d	0. 098 *** （4. 161）	0. 067 *** （2. 858）	0. 064 *** （2. 779）	0. 036 （1. 548）	0. 060 *** （2. 587）
market・d	－0. 015 *** （－5. 442）	－0. 008 *** （－2. 903）	－0. 008 *** （－3. 008）	－0. 005 ** （－1. 969）	－0. 008 *** （－2. 982）
lnpgdp	－0. 011 （－0. 545）	－0. 025 （－1. 222）	－0. 013 （－0. 654）	－0. 016 （－0. 816）	－0. 017 （－0. 854）
Wx					
pups	0. 168 （1. 387）	0. 483 *** （2. 620）	0. 209 ** （2. 034）	－0. 120 （－1. 110）	0. 129 （1. 275）
$pups^2$	－0. 009 （－0. 631）	－0. 048 ** （－2. 421）	－0. 019 * （－1. 745）	0. 020 （1. 619）	－0. 009 （－0. 861）
soeshare	1. 004 *** （4. 862）	1. 120 *** （2. 770）	0. 601 ** （2. 497）	0. 345 * （1. 788）	0. 583 ** （2. 514）
pups・soeshare	－0. 219 *** （－4. 243）	－0. 313 *** （－2. 901）	－0. 157 *** （－2. 684）	－0. 067 （－1. 391）	－0. 158 *** （－2. 795）
Spatial					
rho	0. 091 *** （3. 580）	0. 018 （0. 253）	0. 058 * （1. 792）	0. 045 ** （2. 104）	0. 059 * （1. 879）

续表

变量	0－1 相邻	地理距离	经济距离	0－1 相邻·经济距离	地理距离·经济距离
	模型（1）	模型（2）	模型（3）	模型（4）	模型（5）
R^2	0.9185	0.9222	0.9210	0.9213	0.9185
对数似然值	1078.9808	1108.0261	1094.4025	1093.5106	1093.4150
Wald for SAR	0.0000	0.0526	0.0805	0.0372	0.0720
Wald for SEM	0.0000	0.0436	0.0584	0.0334	0.0545
观测值	648	648	648	648	648

注：①***、**、*分别表示在1%、5%、10%的水平上显著，括号内数字为相应的t值；②Wald 检验提供的是检验的 p 值；③L1. abslndk 代表被解释变量的滞后一期。

资料来源：笔者计算。

表 7－4　动态空间杜宾模型回归：国有企业上游度与劳动要素配置扭曲程度

变量	0－1 相邻	地理距离	经济距离	0－1 相邻·经济距离	地理距离·经济距离
	模型（1）	模型（2）	模型（3）	模型（4）	模型（5）
Main					
L1. abslndl	1.037*** (71.876)	1.069*** (72.920)	1.047*** (70.767)	1.041*** (71.905)	1.043*** (70.564)
pups	0.116 (1.112)	0.020 (0.234)	－0.024 (－0.293)	0.118 (1.173)	－0.032 (－0.387)
$pups^2$	－0.006 (－0.503)	0.005 (0.496)	0.007 (0.807)	－0.008 (－0.695)	0.008 (0.881)
soeshare	0.883*** (4.954)	0.765*** (4.540)	0.496*** (3.023)	0.574*** (3.210)	0.452*** (2.700)
pups·soeshare	－0.228*** (－5.233)	－0.197*** (－4.786)	－0.127*** (－3.174)	－0.151*** (－3.493)	－0.119*** (－2.916)
lnptrade	－0.006 (－0.758)	0.003 (0.450)	－0.004 (－0.493)	－0.009 (－1.155)	－0.006 (－0.784)

续表

变量	0－1相邻	地理距离	经济距离	0－1相邻·经济距离	地理距离·经济距离
	模型（1）	模型（2）	模型（3）	模型（4）	模型（5）
lnpfdi	0.005 (1.165)	−0.001 (−0.313)	0.001 (0.216)	0.003 (0.805)	0.000 (0.122)
lnpgovernment	0.039** (2.240)	0.044** (2.538)	0.047*** (2.736)	0.040** (2.266)	0.049*** (2.795)
structure	0.088 (1.327)	0.071 (1.071)	0.067 (1.017)	0.028 (0.413)	0.060 (0.904)
market	−0.008** (−2.094)	0.002 (0.606)	−0.007* (−1.775)	−0.007* (−1.839)	−0.008** (−1.991)
d	−0.031 (−1.155)	0.108*** (4.128)	−0.025 (−0.969)	−0.048* (−1.813)	−0.029 (−1.102)
market·d	0.001 (0.469)	−0.014*** (−4.408)	0.001 (0.467)	0.005* (1.685)	0.002 (0.490)
lnpgdp	−0.015 (−0.640)	−0.032 (−1.386)	−0.033 (−1.470)	−0.023 (−0.992)	−0.039* (−1.732)
Wx					
pups	−0.022 (−0.164)	2.819*** (13.627)	0.416*** (3.613)	−0.208* (−1.712)	0.304*** (2.673)
$pups^2$	−0.000 (−0.026)	−0.288*** (−12.927)	−0.046*** (−3.746)	0.019 (1.344)	−0.035*** (−2.810)
soeshare	−0.297 (−1.277)	5.679*** (12.594)	0.452* (1.740)	−0.495** (−2.270)	0.239 (0.936)
pups·soeshare	0.125** (2.140)	−1.436*** (−12.263)	−0.086 (−1.342)	0.164*** (3.030)	−0.041 (−0.655)
Spatial					
rho	0.045* (1.951)	0.304*** (4.854)	0.022 (0.713)	0.022 (1.126)	0.030 (1.009)

续表

变量	0－1 相邻	地理距离	经济距离	0－1 相邻·经济距离	地理距离·经济距离
	模型（1）	模型（2）	模型（3）	模型（4）	模型（5）
R^2	0.9766	0.9720	0.9781	0.9760	0.9758
对数似然值	1020.3465	896.2140	1020.0622	1019.6823	1017.6926
Wald for SAR	0.0019	0.0000	0.0003	0.0037	0.0200
Wald for SEM	0.0019	0.0000	0.0003	0.0038	0.0198
观测值	648	648	648	648	648

注：①***、**、*分别表示在1%、5%、10%的水平上显著，括号内数字为相应的t值；②Wald检验提供的是检验的p值；③L1. abslndl代表被解释变量的滞后一期。

资料来源：笔者计算。

进一步观察表7－3和表7－4中空间自回归系数的显著性发现：国有企业上游度对资本要素配置扭曲的动态空间杜宾模型中，以地理距离矩阵为空间权重矩阵的空间自回归系数不显著；而在国有企业上游度对劳动要素配置扭曲的动态空间杜宾模型中，仅以0－1相邻矩阵和地理距离矩阵为空间权重矩阵的空间自回归系数显著。为方便对比国有企业上游度对资本要素和劳动要素配置扭曲的空间效应，本书以0－1相邻空间权重矩阵的回归结果为准进行分析。

在进行空间计量分析时需要注意的是，SDM模型的右端引入了要素配置扭曲程度的空间滞后，产生了空间乘数效应：国有企业上游度对要素配置扭曲程度产生影响之后，不同地区之间的要素配置扭曲程度还会相互作用。因此，国有企业上游度的系数不能直接反映其对要素配置扭曲程度的边际效应，需要在表7－3和表7－4的基础上采用偏微分方法将国有企业上游度对要素配置扭曲程度的影响分为平均直接效应、平均间接效应和平均总效应。其中，平均直接效应表示目标地区国有企业上游度对目标地区要素配置扭曲程度的平均影响；平均总效应表示所有地区国有企业上游度对目标地区要素配置扭曲程度的平均影响；平均间接效应为平均总效应与平均间接效应之差，反应其他地区国有企业上游度对目标地区要素配置扭曲程度的平均影响。核心解释变量的平均直接效应、平均间接效应和平均总效应的分解结果如表7－5所示。

表7-5　　动态空间杜宾模型回归的直接效应、间接效应和总效应

变量	$absInd^k$			$absInd^l$		
	直接效应	间接效应	总效应	直接效应	间接效应	总效应
pups	0.143 (1.633)	0.202* (1.652)	0.345*** (3.609)	0.111 (1.116)	-0.010 (-0.072)	0.102 (1.004)
$pups^2$	-0.015 (-1.505)	-0.012 (-0.864)	-0.028*** (-2.637)	-0.005 (-0.464)	-0.002 (-0.126)	-0.007 (-0.663)
soeshare	0.541*** (3.471)	1.114*** (5.223)	1.655*** (7.910)	0.887*** (4.973)	-0.284 (-1.249)	0.603*** (2.740)
pups · soeshare	-0.124*** (-3.277)	-0.243*** (-4.665)	-0.367*** (-7.093)	-0.229*** (-5.314)	0.124** (2.179)	-0.105* (-1.917)

注：本表以0-1相邻矩阵为权重矩阵；括号内为相应的t统计值。
资料来源：笔者计算。

首先，考察国有企业上游度对要素配置扭曲的平均直接效应。表7-5中各解释变量对资本和劳动要素配置扭曲程度的直接效应的回归系数与表6-3中动态模型中相应变量的回归系数方向一致，但系数绝对值要更小，表明不考虑地区之间的空间效应将会高估国有企业上游垄断对资源配置效率的直接影响。进一步地，表7-5中国有企业上游度（pups）及其平方项（pups2）对资本和劳动要素配置扭曲的直接效应均不显著，但国有企业上游度与国有企业份额的交乘项（pups × soeshare）依然显著为负，表明加入地区之间的空间溢出效应后，国有企业上游垄断主要通过与国有企业份额的联合作用影响资源配置效率。即国有企业份额越高的地区，国有企业上游垄断对资本和劳动要素配置扭曲的改善作用越大。

其次，考察国有企业上游度对要素配置扭曲的平均间接效应。由表7-5可以看出，国有企业上游度对资本要素配置扭曲的一次效应显著为正，二次效应为负但不显著；国有企业上游度对劳动要素配置扭曲的一次效应和二次效应均为负但不显著。表明相邻地区的国有企业上游垄断显著恶化了本地区的资本要素配置扭曲，对本地区劳动要素配置扭曲的影响不明显，可能的原因是相邻地区的国有企业上游垄断使得所在地区的资本要素重新配置，改变了不同产业间的资本要素使用价格，并

通过省际投入产出关系对本地区资本要素价格产生影响，使得原本扭曲的资本要素配置扭曲进一步恶化。不同于资本要素较容易在不同地区间流动，劳动要素的跨地区流动由于受到户籍制度、文化差异等因素的影响而相对较少，因此，本地区劳动要素配置扭曲受相邻地区国有企业上游垄断的影响较小。

再次考察国有企业上游度对要素配置扭曲的平均总效应。表 7－5 中各解释变量对资本和劳动要素配置扭曲程度的平均总效应的回归系数与表 6－3 中动态模型中相应变量的回归系数方向一致，但国有企业上游度的对劳动要素配置扭曲的一次项和二次项的系数不显著。表 7－5 中各解释变量对资本要素配置扭曲程度的平均总效应的回归系数的绝对值较表 6－3 中动态模型中相应变量更大且显著性更强。表明加入地区之间的空间效应后，由于相邻地区国有企业上游垄断对本地区资源配置效率也会产生作用，进一步强化了国有企业上游垄断对资源配置效率的影响。图 7－1 对加入空间效应前后国有企业上游度对资本要素配置扭曲偏效应进行了对比。由图 7－1 可以看出，加入空间效应后，国有企业上游度对资本要素配置扭曲的偏效应依然与国有企业份额的变化反向变动，且国有企业上游度对资本要素配置扭曲的改善作用较不加入空间效应时更大。

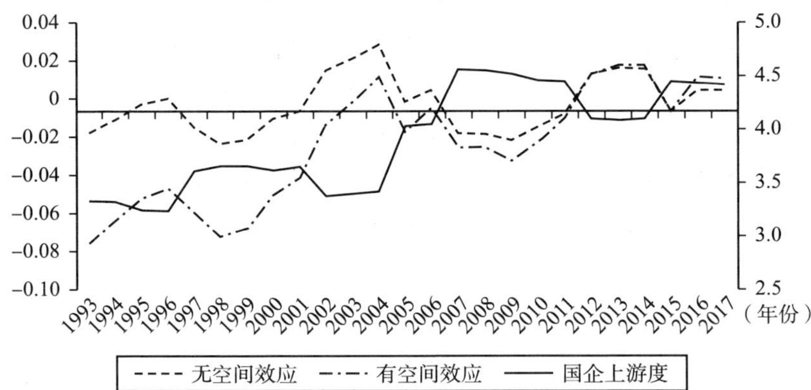

图 7－1　加入空间效应前后国有企业上游度对资本要素配置扭曲偏效应的对比

资料来源：笔者绘制。

最后考察国有企业份额对要素配置扭曲的影响。发现除了对劳动要素配置扭曲的间接效应以外，国有企业份额的一次项均显著为正，且其与国有企业上游度的交乘项均显著为负。表明平均来看，不但本地国有企业恶化了本地的要素配置效率，而且相邻地区的国有企业进一步强化了本地的要素配置扭曲。

7.5 本章小结

在本书第6章普通面板模型的基础上，本章进一步构建了空间面板模型，考察了国有企业上游垄断对省际资源配置效率的空间效应。结果表明，不考虑地区之间的空间效应将会高估国有企业上游垄断对资源配置效率的影响程度；加入地区之间的空间效应后，由于相邻地区国有企业上游垄断对本地区资源配置效率也会产生作用，进一步强化了国有企业上游垄断对资源配置效率的影响。

第8章 研究结论、政策建议与未来展望

8.1 主要研究结论

“不同所有制企业在产业链上下游所形成的非对称竞争结构”是20世纪90年代中后期国有企业改革之后中国国内市场形成的典型特征。对这一特征的研究是回答当下很多经济问题的关键。而有关资源配置效率的研究，将为我们寻找新的经济增长途径提供重要启示。本书以“国有企业上游垄断对中国资源配置效率的影响研究”为题，首先，在理论上剖析国有企业上游垄断对中国资源配置效率的作用机理，区分国有企业上游垄断对中国资源配置效率影响的“直接抑制效应”“间接拖累效应”“竞争退出效应”“空间效应”，并构建产业组织模型从数理层面分析不同所有制企业在产业链上下游的垄断竞争关系。其次，本书在已有关于国有企业上游垄断和中国资源配置效率测算模型的基础上，结合中国的实际情况予以改进，并应用改进后的模型测算中国的国有企业上游垄断程度和中国的资源配置效率。最后，本书利用中国省际层面的面板数据实证考察国有企业上游垄断对中国资源配置效率的作用方向和作用程度，并基于空间杜宾模型考察空间因素对二者关系的影响。本书主要的研究结论归结如下：

（1）国有工业企业从产业链下游不断退出，但在产业链上游仍居主导地位，产业链下游则由非国有工业企业占主导；不同区域间国有工业企业呈现出明显的投入产出关系。

1993～2017年国有企业上游度整体上处于不断上升的趋势，国有

工业企业逐步退出了下游竞争性市场，但在产业链上游仍居于主导地位（企业单位数除外）；在产业链下游，非国有企业取代国有企业居于主导地位。分地区来看，中国各地区国有企业上游度水平呈现出西北高，东南低的趋势，一定程度上反映了中国国有工业企业的区域投入产出关系：即西北地区国有工业企业在产业链上的位置相对靠上，主要提供中间投入品；东南地区国有工业企业在产业链上的位置更靠近下游，主要生产最终消费品。

（2）中国不同地区、不同产业间均存在一定程度的要素配置扭曲，地区间劳动要素配置扭曲占主导，而产业间则为资本要素配置扭曲占主导。

1993～2017年由地区间要素配置扭曲所导致的平均TFP损失程度为8.38%，其中地区间劳动要素配置扭曲所导致的平均TFP损失程度为7.70%，而资本要素仅为0.54%，地区间劳动要素配置扭曲程度远大于资本要素配置扭曲程度。2003年以来地区间劳动要素配置扭曲程度一直在逐年缓解，而2008年后资本要素配置扭曲程度却在逐年加重。对各地区要素配置过度或不足程度的分析发现，中西部地区要素配置相对过度，而东南及环渤海地区却相对不足，尤其是劳动要素。虽然地区间劳动要素配置效率在逐年提高，但截至2017年中西部仍存在着50%左右的过多劳动要素配置，而东南地区却存在着30%以上的劳动缺口。

2004～2016年，中国产业间要素配置扭曲程度大体经历了先上升后下降，再上升再下降的变化趋势，样本年间由产业间要素配置扭曲所导致的平均TFP损失程度为100.4%，其中，资本要素配置扭曲导致TFP损失87.2%，而劳动要素仅为9.8%，产业间资本要素配置扭曲程度远大于劳动要素配置扭曲程度。分产业检验结果显示，样本年间金融业的要素配置状况持续恶化，可能是导致产业间资本要素配置扭曲的主要原因。

（3）国有企业上游垄断对中国地区间资源配置效率存在正负两方面的影响，其作用幅度存在空间效应。

国有企业上游垄断对中国地区间要素配置扭曲的影响呈倒“U”型，具体作用方向取决于正负两方面作用力的相对大小。平均来看，国有企业上游垄断程度与要素配置扭曲水平反向变动：当国有企业沿产业链向上游攀升时，由“竞争退出效应”所导致的资源配置效率的改善，大于由“直接抑制效应”和“间接拖累效应”所导致的资源配置效率的恶化，要素配置扭曲程度有所下降；而当国有企业沿产业链进入下游产业时，由“直接抑制效应”和“间接拖累效应”所导致的资源配置效率的恶化，大于由“竞争退出效应”所导致的资源配置效率的改善，要素配置扭曲程度趋于上升。并且由于国有企业总体上向上游攀升，所以在多数年份，国有企业上游垄断倾向于改善资源配置效率，仅在少数国有企业沿产业链进入下游的年份，国有企业上游垄断恶化了资源配置效率。相对而言，国有企业上游垄断对劳动要素配置扭曲的改善程度大于对资本要素配置扭曲的改善程度。

空间模型的回归结果表明，不考虑地区之间的空间效应将会高估国有企业上游垄断对资源配置效率的直接影响；加入地区之间的空间效应后，由于相邻地区国有企业上游垄断对本地区资源配置效率也会产生作用，进一步强化了国有企业上游垄断对资源配置效率的影响。

8.2 相关政策建议

针对国有企业上游垄断对中国资源配置效率所带来的影响，本书认为有以下三点值得反思：第一，始于20世纪90年代中后期的国有企业改革一度释放了中国巨大的经济发展潜力，带来资源配置效率的大幅改善和国民经济的快速增长。但那次国有企业改革并不彻底，国有企业逐步退出了下游竞争性部门，但在上游要素部门仍保持较强的垄断势力。第二，国有企业在上游产业中的垄断地位并非是在市场竞争机制作用下通过提高自身效率挤出其他低效企业而获得的，而主要是凭借政府保护所形成的行政垄断而获得。国有企业由于存在代理成本、软预算约束、政策性负担等问题，其本身的效率相对非国有企业为低。低效率国有企业在产业链上游居于垄断地位，掌控大量的生产要素，不但直接降低了中国的资源配置效率，还会通过增加下游非国有企业要素使用成本，阻碍高效率非国有企业市场进入，以及损害市场竞争机制的有效发挥，间接损害中国的资源配置效率。第三，当国有企业退出下游市场竞争时，会释放大量的生产资源，放开下游市场的非国有企业进入门槛，并且扫除下游市场竞争机制有效发挥的障碍，能够带来资源配置效率的大幅增长。由此，本书认为通过推进国有企业改革，打破上游国有企业行政垄断，能够进一步改善中国的资源配置效率，推动中国经济新一轮高质量增长。

2008 年金融危机后，全球经济复苏艰难，而 2019 年底以来新冠肺炎在全球范围内的爆发更增加了未来经济的不确定性。当前中国经济形势依然严峻，经济下行压力明显[①]。推进国有企业改革，打破上游国有企业行政垄断，从而进一步改善中国的资源配置效率，推动中国经济新一轮高质量增长的要求已迫在眉睫。而打破国有企业上游垄断的关键在于清除政府对国有企业的行政保护。为此，需要厘清政府在市场经济体制中的作用，重新定义政府角色，明确国有企业市场定位，并加快推进要素市场化改革。据此，本书提出以下政策建议：

1. 重新定义政府角色

当前，政府对经济的干预过多，使得市场在资源配置中的作用受到诸多干扰，而这都与政府本身的角色定位有关。因此，一方面要转变政府职能。政府作为社会、经济的主管者，其主要职能应是社会管理、市场监管、公共服务和经济调节，政府不应以市场交易方的身份进入一般商业领域，即不能“既当裁判，又当运动员”。另一方面要处理好政府与市场的关系。首先是从法律上对政府行政权力的边界进行限定。其次是要放松政府对微观经济活动的管制，发挥市场在资源配置、价格形成，以及调节微观经济主体行为中的基础性作用。

2. 明确国有企业市场定位

国有企业应着眼于为整个社会提供公共服务，以公共利益为目标，而不应该与民争利。首先，要对国有企业存在的范围和边界进行限定，废除国有企业所享受的大量特权，限定其投资边界。国有企业应当逐步、有序地退出竞争性、盈利性领域，要避免凭借行政垄断力量排挤、吞并其他市场主体，破坏市场规则的公正性。其次，对于某些不涉及国防安全的非自然垄断产业，要放开对民营企业的进入限制，通过引入竞争来迫使在位国有企业努力提高效率、降低成本和进行技术创新。最

---

① 根据国家统计局最新公布的数据，2020 年第一季度中国 GDP 同比下降 6.8%。

后，在新兴数字基础设施建设、新型公共服务等战略性、前瞻性领域，国有企业应加强投资，以弥补私人投资的不足，并起到引领社会资本投资的作用。具体而言，国有企业可在5G、大数据、工业互联网等新型基础设施领域的关键核心及公益环节加强布局，引领“新基建”跨越发展。再者，国有企业可加快数字智能化转型，发展远程办公、网络教育、线上医疗、智慧社区、电子政务等社会资本缺乏长远规划、优质供给相对不足的新型公共服务。

3. 加快推进要素市场化改革

当前，政府保持了过多对于土地、信贷等重要经济资源的配置权力，导致要素市场化水平远远落后于商品市场化水平。政府行政权力配置资源的体制创造了巨大的寻租空间，导致市场出现了不同程度的要素配置扭曲和资源浪费。推进要素市场化改革，首先是培育要素市场主体，为要素市场主体的成长创建安全、稳定的体制环境。其次要加强对私人产权的保护，特别是要防止公共权力对私人产权的侵犯。最后是要营造市场主体与政府博弈的法治环境，保护市场主体通过法律途径维护自身的合法权益。

8.3 研究不足与未来展望

本书对国有企业上游垄断进行了定量测算，研究了这一特定的市场竞争结构对中国资源配置效率的影响，得出了一些结论。但是受本人学识和所掌握的资料所限，本书仍有很多不足和有待改进的地方。具体来说，本书的不足之处和有待改进的地方至少包括以下两点：

第一，本书对资源配置效率的讨论是基于新古典理论展开的，这种新古典的讨论本身具有一定的局限性①。在后续的研究中，笔者将借鉴奥地利学派对“动态效率”的研究框架（Soto，2008），在更一般的情况下对资源配置效率重新进行讨论。

---

① 例如，企业在进行生产扩张和研发创新的过程中，通常会首先投入更多的资本。而在这一过程之中，企业的生产率往往不能立即得以提升。因此，按照新古典的理论框架，多投入的资本会被视为是“资源错配”的结果，但这种理解显然是不准确的。

第二，本书在测算国有企业上游垄断对中国资源配置效率的影响时所用数据为两分位产业层面的数据。如果能在更细的产业分类甚至企业层面进行研究，其研究成果将更具现实指导意义。而囿于数据的可得性，更为细致的研究在当前并不可得①。今后更多、更新的微观企业数据的公开，将有助于在微观层面研究国有企业上游垄断对中国资源配置效率的影响。

① 例如，现有关于中国资源配置效率的研究大多基于中国工业企业数据库，以制造业企业或工业企业为研究对象，所用数据也大多局限于 1998 ~ 2007 年。但当前中国第三产业增加值占国内生产总值的比重已超过第二产业，基于中国工业企业数据库的研究无法反映中国资源配置的全貌，尤其难以反映 2008 年金融危机后的资源配置状况。

参 考 文 献

［1］白俊红，刘宇英．对外直接投资能否改善中国的资源错配［J］．中国工业经济，2018，36（1）：60－78.

［2］贲培雯，段正梁，王方洁，彭振．基于投入产出模型的我国住宿和餐饮业产业关联分析［J］．福建农林大学学报（哲学社会科学版），2018，21（4）：62－68.

［3］蔡昉．刘易斯转折点：中国经济发展新阶段［M］．北京：社会科学文献出版社，2008

［4］陈林，刘小玄．自然垄断的测度模型及其应用——以中国重化工业为例［J］．中国工业经济，2014，32（8）：5－17.

［5］陈言，李欣泽．行业人力资本、资源错配与产出损失［J］．山东大学学报（哲学社会科学版），2018，68（4）：146－155.

［6］陈永伟，胡伟民．价格扭曲、要素错配和效率损失：理论和应用［J］．经济学（季刊），2011，10（3）：1401－1422.

［7］陈永伟，胡伟民．要素配置、结构调整和生产率动态［Z］．北京大学光华管理学院工作论文，2013.

［8］陈钊，万广华，陆铭．行业间不平等：日益重要的城镇收入差距成因——基于回归方程的分解［J］．中国社会科学，2010，31（3）：65－76.

［9］褚敏，靳涛．政府悖论、国有企业垄断与收入差距——基于中国转型特征的一个实证检验［J］．中国工业经济，2013，31（2）：18－30.

［10］大琢启二郎，刘德强，村上直树．中国的工业改革——过去的成绩和未来的前景［M］．上海：上海人民出版社，2000.

［11］邓明．中国地区间市场分割的策略互动研究［J］．中国工业经济，2014，32（2）：18－30.

［12］邓伟，余建国．为什么国有企业越来越垄断？［J］．南方经济，2008，26（2）：19－29.

［13］樊纲，王小鲁，朱恒鹏．中国市场化指数：各地区市场化相对进程2011年报告［M］．北京：经济科学出版社，2011.

［14］冯飞等．深化垄断行业改革研究［A］．“改革的重点领域与推进机制研究”课题组．改革攻坚（上）——改革的重点领域与推进机制研究［C］．北京：中国发展出版社，2013.

［15］付凌晖．我国产业结构高级化与经济增长关系的实证研究［J］．统计研究，2010，27（8）：79－81.

［16］龚关，胡关亮．中国制造业资源配置效率与全要素生产率［J］．经济研究，2013，48（4）：4－15.

［17］郭树龙，葛健，刘玉斌．上游垄断阻碍了下游企业创新吗？［J］．产经评论，2019，10（2）：38－53.

［18］韩剑，郑秋玲．政府干预如何导致地区资源错配——基于行业内和行业间错配的分解［J］．中国工业经济，2014，32（11）：69－81.

［19］何德旭，姚战琪．中国产业结构调整的效应、优化升级目标和政策措施［J］．中国工业经济，2008，26（5）：46－56.

［20］胡兵，邓富华，张明．东道国腐败与中国对外直接投资——基于跨国面板数据的实证研究［J］．国际贸易问题，2013，39（10）：138－148.

［21］黄昕，平新乔．行政垄断还是自然垄断——国有经济在产业上游保持适当控制权的必要性再探讨［J］．中国工业经济，2020，38（3）：81－99.

［22］季书涵，朱英明，张鑫．产业集聚对资源错配的改善效果研究［J］．中国工业经济，2016，34（6）：73－90.

［23］简泽．企业间的生产率差异、资源再配置与制造业部门的生产率［J］．管理世界，2011，27（5）：11－23.

［24］蒋为，张龙鹏．补贴差异化的资源误置效应——基于生产率分布视角［J］．中国工业经济，2015，33（2）：31－43.

［25］靳来群，林金忠，丁诗诗．行政垄断对所有制差异所致资源错配的影响［J］．中国工业经济，2015，33（4）：31－43.

［26］靳来群．地区间资源错配程度分析（1992－2015）［J］．北京

社会科学，2018，33（1）：57－66.

［27］李静，彭飞，毛德凤．资源错配与中国工业企业全要素生产率［J］．财贸研究，2012，23（5）：46－53.

［28］李胜旗，毛其淋．制造业上游垄断与企业出口国内附加值——来自中国的经验证据［J］．中国工业经济，2017，35（3）：101－119.

［29］李寿喜．产权、代理成本和代理效率［J］．经济研究，2007，42（1）：102－113.

［30］刘瑞明．国有企业如何拖累了经济增长：理论与中国的经验证据［D］．复旦大学，2011.

［31］刘瑞明．中国的国有企业效率：一个文献综述［J］．世界经济，2013，36（11）：136－160.

［32］刘瑞明，石磊．国有企业的双重效率损失与经济增长［J］．经济研究，2010，45（1）：127－137.

［33］刘元春．国有企业宏观效率论——理论及其验证［J］．中国社会科学，2001，22（5）：69－81.

［34］刘元春．国有企业的“效率悖论”及其深层次的解释［J］．中国工业经济，2001，19（7）：31－39.

［35］刘芍佳，孙霈，刘乃全．终极产权论、股权结构及公司绩效［J］．经济研究，2003，38（4）：51－62.

［36］刘小玄．中国工业企业的所有制结构对效率差异的影响——1995年全国工业企业普查数据的实证分析［J］．经济研究，2000，35（2）：17－25.

［37］刘小玄．中国转轨经济中的产权结构和市场结构——产业绩效水平的决定因素［J］．经济研究，2003，38（1）：21－29.

［38］陆铭，陈钊．分割市场的经济增长——为什么经济开放可能加剧地方保护？［J］．经济研究，2009，44（3）：42－52.

［39］罗德明，李晔，史晋川．要素市场扭曲、资源错置与生产率［J］．经济研究，2012，47（3），4－14.

［40］罗云辉，夏大慰．自然垄断产业进一步放松规制的理论依据——基于对成本曲线的重新理解［J］．中国工业经济，2003，21（8）：50－56.

［41］吕铁，周叔莲．中国的产业结构升级与经济增长方式转变

[J]. 管理世界，1999，15（1）：113－125.

[42] 聂辉华，贾瑞雪. 中国制造业企业生产率与资源误置 [J]. 世界经济，2011，34（7）：27－42.

[43] 平新乔，范瑛，郝朝艳. 中国国有企业代理成本的实证分析 [J]. 经济研究，2003，38（11）：42－53.

[44] 钱学锋，毛海涛，徐小聪. 中国贸易利益评估的新框架——基于双重偏向型政策引致的资源误置视角 [J]. 中国社会科学，2016，37（12）：83－108.

[45] 钱学锋，张洁，毛海涛. 垂直结构、资源误置与产业政策 [J]. 经济研究，2019，54（2）：54－67.

[46] 施炳展，冼国明. 要素价格扭曲与中国工业企业出口行为 [J]. 中国工业经济，2012，30（2）：47－56.

[47] 史宇鹏，丁彦超. 企业创新性的若干表征：自制造业观察 [J]. 改革，2010，23（4）：111－114.

[48] 宋马林，金培振. 地方保护、资源错配与环境福利绩效 [J]. 经济研究，2016，51（12）：47－61.

[49] 孙圣民，宫明波. 要素配置、产权、生产组织方式与经济绩效——中国计划经济时期农业经济制度变迁对农业生产的影响 [Z]. 山东大学经济学院工作论文，2012.

[50] 田利辉. 国有股权对上市公司绩效影响的U型曲线和政府股东两手论 [J]. 经济研究，2005，40（10）：48－58.

[51] 田荣华. 贸易开放、国内市场化进程与资源误置——基于系统GMM的经验研究 [J]. 中南财经政法大学学报，2015，46（2）：103－109.

[52] 王俊豪，王建明. 中国垄断性产业的行政垄断及其管制政策 [J]. 中国工业经济，2007，25（12）：30－37.

[53] 王磊，邓芳芳. 市场分割与资源错配——基于生产率分布视角的理论与实证分析 [J]. 经济理论与经济管理，2016，36（11）：16－26.

[54] 王小鲁，樊纲，余静文. 中国分省份市场化指数报告（2016）[M]. 北京：社会科学文献出版社，2017.

[55] 王学庆. 垄断性行业的政府管制问题研究 [J]. 管理世界，2003，19（8）：63－73.

[56] 王永进，刘灿雷. 国有企业上游垄断阻碍了中国的经济增

长？——基于制造业数据的微观考察［J］. 管理世界，2016，32（6）：10－21.

［57］王勇. “垂直结构”下的国有企业改革［J］. 国际经济评论，2017，25（5）：9－28.

［58］魏庆文，杨蕙馨. 中国分行业要素市场扭曲与全要素生产率损失［J］. 经济问题探索，2019，40（9）：9－19.

［59］吴敬琏. 中国增长模式抉择［M］. 上海：上海远东出版社，2008.

［60］吴敬链. 当代中国经济改革教程［M］. 上海：上海远东出版社，2010.

［61］夏立军，方轶强. 政府控制、治理环境与公司价值——来自中国证券市场的经验证据［J］. 经济研究，2005，40（5）：40－51.

［62］许召元，张文魁. 国企改革对经济增速的提振效应研究［J］. 经济研究，2015，50（4）：122－135.

［63］鄢萍. 资本误配置的影响因素初探［J］. 经济学（季刊），2012，11（2），489－520.

［64］严兵，冼国明，韩剑. 制造业行业收入不平等变动趋势及成因分解［J］. 世界经济，2014，37（12）：27－46.

［65］杨蕙馨，王海兵. 中国教育收益率：1989－2011［J］. 南方经济，2015，33（6）：1－18.

［66］杨天宇. “国有企业宏观效率论”辨析——与刘元春先生商榷［J］. 中国社会科学，2002，23（6）：33－37.

［67］姚洋，章奇. 中国工业企业技术效率分析［J］. 经济研究，2001，36（10）：13－19.

［68］姚洋. 非国有经济成分对我国工业企业技术效率的影响［J］. 经济研究，1998，33（12）：29－35.

［69］银温泉，才婉茹. 我国地方市场分割的成因和治理［J］. 经济研究，2001，36（6）：3－12，95.

［70］袁志刚，解栋栋. 中国劳动错配对 TFP 的影响分析［J］. 经济研究，2011，46（7）：4－17.

［71］袁志刚. 深化要素市场改革创新对外开放模式［J］. 经济研究，2013，48（2）：19－20.

[72] 张慧慧，张军. 中国分区域资源扭曲程度测算 [J]. 上海经济研究，2018，37 (3)：32 -43.

[73] 张杰，周晓艳，郑文平，芦哲. 要素市场扭曲是否激发了中国企业出口 [J]. 世界经济，2011，34 (8)：134 -160.

[74] 张军，吴桂英，张吉鹏. 中国省际物质资本存量估算：1952 ~2000 [J]. 经济研究，2004，39 (10)：35 -44.

[75] 张维迎，吴有昌，马捷. 公有制经济中的委托人—代理人关系：理论分析和政策含义 [J]. 经济研究，1995，30 (4)：10 -20.

[76] 张维迎. 企业理论与中国企业改革 [M]. 北京：北京大学出版社，1999.

[77] 张晓晶，李成，李育. 扭曲、赶超与可持续增长——对政府与市场关系的重新审视 [J]. 经济研究，2018，53 (1)：4 -20.

[78] 周华，李飞飞，赵轩，李品芳. 非等间距产业上游度及贸易上游度测算方法的设计及应用 [J]. 数量经济技术经济研究，2016，33 (6)：128 -143.

[79] 周黎安，张维迎，顾全林，汪淼军. 企业生产率的代际效应和年龄效应 [J]. 经济学 (季刊)，2007，6 (4)：1297 -1318.

[80] 朱孟珏，李芳. 1985 ~2015 年中国省际人口迁移网络特征 [J]. 地理科学进展，2017，36 (11)：1368 -1379.

[81] 朱喜，史清华，盖庆恩. 要素配置扭曲与农业全要素生产率 [J]. 经济研究，2011，46 (5)：86 -98.

[82] 邹至庄. 中国经济 [M]. 天津：南开大学出版社，1984.

[83] [日] 植草益. 微观规制经济学 [M]. 北京：中国发展出版社，1992.

[84] Adamopoulos T., L. Brandt, J. Leight & D. Restuccia. Misallocation, Selection and Productivity: A Quantitative Analysis with Panel Data from China [R]. NBER Working Paper, 2017.

[85] Antràs P., D. Chor, T. Fally & R. Hillberry. Measuring the Upstreamness of Production and Trade Flows [J]. American Economic Review, 2012, 102 (3): 412 -416.

[86] Bai C. E., D. Li & Y. Wang. Enterprise Productivity and Efficiency: When Is Up Really Down? [J]. Journal of Comparative Economics,

1997 (24): 265 -280.

[87] Banerjee A. & B. Moll. Why Does Misallocation Persist? [J]. American Economic Journal Macroeconomics, 2010, 2 (1): 189 -206.

[88] Barseghyan L. & R. DiCecio. Entry Costs, Industry Structure, and Cross - Country Income and TFP Differences [Z]. Federal Reserve Bank of St. Louis Working Paper, 2009.

[89] Baumol W. J. On the Proper Cost Tests for Natural Monopoly in a Multiproduct Industry [J]. American Economic Review, 1977, 67 (5): 809 -822.

[90] Baumol W. J., J. Panzar & R. Willig. Contestable Markets and the Theory of Industrial Structure [M]. New York: Harcourt Brace Jovanovich Press, 1982.

[91] Brandt L. & X. D. Zhu. Accounting for China's Growth [Z]. University of Toronto Working Paper, 2010.

[92] Brandt L., C. Hsieh & X. D. Zhu. Growth and Structural Transformation in China [A]. in Brandt L., T. Tombe & G. Rawski (eds.). China's Great Economic Transformation [M]. Cambridge: Cambridge University Press, 2008: 683 -728.

[93] Brandt L., T. Tombe & X. D. Zhu. Factor Market Distortions Across Time, Space and Sectors in China [J]. Review of Economic Dynamics, 2013, 16 (1): 39 -58.

[94] Buera F. J., J. P. Kaboski & Shin Y. Finance and Development: A Tale of Two Sectors [J]. American Economic Review, 2011, 101 (5): 1964 -2002.

[95] Caliendo L. & F. Parro. Estimates of the Trade and Welfare Effects of NAFTA [J]. Review of Economic Studies, 2015, 82 (1): 1 -44.

[96] Chen K., H. Wang, Y. Zheng, G. Jeffreson & T. Rawski. Productivity Change in Chinese Industry: 1953 -1985 [J]. Journal of Compatative Economics, 1988 (12): 570 -591.

[97] David J. M., H. A. Hopenhayn & V. Venkateswaran. Information, Misallocation, and Aggregate Productivity [J]. Quarterly Journal of Economics, 2016, 131 (2): 943 -1005.

[98] Du J., X. X. Liu & Y. Zhou. State Advances and Private Sector Retreats? – Evidence of Aggregate Productivity Decomposition in China [J]. China Economic Review, 2014, 31 (c): 459 – 474.

[99] Evans D. S. & Heckman J. J. A Test for Subadditivity of the Cost Function with an Application to the Bell System [J]. American Economic Review, 1984, 74 (4): 615 – 623.

[100] Gilsdorf K. Testing for Subadditivity of Vertically Integrated Electric Utilities [J]. Southern Economic Journal, 1995, 62 (1): 126 – 138.

[101] Greenwood J., J. M. Sanchez & C. Wang. Quantifying the Impact of Financial Development on Economic Development [J]. Review of Economic Dynamics, 2013, 16 (1): 194 – 215.

[102] Groves T., Y. Hong, J. McMillan & B. Naughton. Autonomy and Incentives in Chinese State Enterprises [J]. Quarterly Journal of Economist, 1994 (109): 183 – 209.

[103] Guner N., G. Ventura & Y. Xu. Macroeconomic Implications of Size – Dependent Policies [J]. Review of Economic Dynamics, 2008, 11 (4): 721 – 744.

[104] Hall R. E. & C. I. Jones. Why Do Some Countries Produce So Much More Output per Worker Than Others? [J]. Quarterly Journal of Economics, 1999, 114 (1): 83 – 116.

[105] Ho G. T. Labor Market Policies and Misallocation in India [Z]. UCLA Working Paper, 2010.

[106] Hopenhayn H. A. & R. Rogerson. Job Turnover and Policy Evaluation: A General Equilibrium Analysis [J]. Journal of Political Economy, 1993, 101 (5): 915 – 938.

[107] Hopenhayn H. A. Entry, Exit, and Firm Dynamics in Long Run Equilibrium [J]. Econometrica, 1992, 60 (5): 1127 – 1150.

[108] Hsieh C. T. & P. J. Klenow. Misallocation and Manufacturing TFP in China and India [J]. Quarterly Journal of Economics, 2009, 124 (4): 1403 – 1448.

[109] Jefferson G., T. Rawski & Y. Zheng. Chinese Industrial Productivity: Trends, Measurement and Recent Development [J]. Journal of Com-

parative Economic, 1996 (23): 146 - 180.

[110] Jefferson G., T. Rawski & Y. Zheng. Growth, Efficiency, and Convergence in China's State and Collective Industry [J]. Economic Development and Cultural Change, 1992 (40): 239 - 266.

[111] Kalemli - Ozcan S. & B. E. Sorensen. Misallocation, Property Rights, and Access to Finance: Evidence from Within and Access Africa [Z]. NBER Working Paper, 2012.

[112] Khandehval A. K., P. K. Schott & S. J. Wei. Trade Liberalization and Embedded Institutional Reform: Evidence from Chinese Exporters [J]. American Economic Review, 2013, 103 (6): 2169 - 2195.

[113] Lin S. L. Resource Allocation and Economics Growth in China [J]. Economic Inquiry, 2000, 38 (3): 515 - 526.

[114] Lo D. Reappraising the Performance of China's State - Owned Industrial Enterprises: 1980 - 1996 [J]. Cambridge Journal of Economics, 1999 (23): 693 - 718.

[115] Melitz, M. J. & Sašo Polanec. Dynamic Olley - Pakes Productivity Decomposition with Entry and Exit [J]. Rand Journal of Economics, 2015, 46 (2): 362 - 375.

[116] Melitz, M. J. The Impact of Trade on Intra - Industry Reallocations and Aggregate Industry Productivity [J]. Econometric, 2003, 71 (6): 1695 - 1725.

[117] Micco A. & A. Repetto. Productivity, Misallocation and the Labor Market [Z]. Working Paper, 2012.

[118] Midrigen V. & D. Y. Xu. Accouting for Misallocation [Z]. New York University Working Paper, 2009.

[119] Midrigen V. & D. Y. Xu. Finance and Misallocation: Evidence from Plant - Level Data [Z]. NBER Working Paper, 2010.

[120] Moll B. Productivity Losses from Financial Frictions: Can Self - Financing Undo Capital Misallocation? [J]. American Economic Review, 2014, 104 (10): 3186 - 3221.

[121] Panzar J. C. & R. D. Willing. Economies of Scope [J]. American Economic Review, 1981, 71 (2): 268 - 272.

[122] Peek J. & E. S. Rosengern. Unnatural Selection: Perverse Incentives and the Misallocation of Credit in Japan [J]. American Economic Review, 2005, 95 (4): 1144 - 1166.

[123] Perkins F., Y. X. Zheng & Y. Cao. The Impact of Economic Reform on Productivity Growth in Chinese Industry: A Case of Xiamen Special Economic Zone [J]. Asian Economic Journal, 1993 (12): 107 - 146.

[124] Phillips K. L. & K. R. Shen. What Effect does the Size of the State-owned Sectot Have on Regional Growth in China? [J]. Journal fo Asian Economics, 2005 (15): 1079 - 1102.

[125] Restuccia D. & R. Rogerson. Policy Distortions and Aggregate Productivity with Heterogeneous Establishments [J]. Review of Economic Dynamics, 2008, 11 (4): 707 - 720.

[126] Sachs J. & W. Woo. Understanding China's Economic Performance [J]. The Journal of Policy Reform, 2001, 4 (1): 1 - 50.

[127] Smythe D. J. & J. G. Zhao. The Complete Welfare Effects of Cost Reductions in a Cournot Oligopoly [J]. Journal of Economics, 2006, 87 (2): 181 - 193.

[128] Song Z. & G. L. Wu. A Structural Estimation on Capital Market Distortions in UK and Chinese Manufacturing Firms [J]. Economics Letters, 2011, 111 (3): 249 - 251.

[129] Song Z., K. Storesletten & F. Zilibotd. Growing Like China [J]. American Economic Review, 2011, 101 (1): 196 - 233.

[130] Soto J. H. The Theory of Dynamic Efficiency [M]. London and New York: Routledge, 2009.

[131] Sun Q. & W. Tong. China Share Issue Privatization: The Extent of Its Success [J]. Journal of Financial Economics, 2003 (70): 183 - 222.

[132] Sun Q., W. Tong & J. Tong. How Does Government Ownership Affect Firm's Performance: Evidence from China's Privatization Experience [J]. Journal of Business Finance and Accounting, 2000 (29): 1 - 27.

[133] Syrquin M. Productivity Growth and Factor Reallocation [A]. In Chenery H., S. Robinson & M. Syrquin (eds.). Industrialization and Growth: A Comparative Study [M]. New York: Oxford University Press, 1986: 75 - 101.

[134] Tobler W. A Computer Movie Simulating Urban Growth in the Detroit Region [J]. Economic Geography, 1970 (46): 234 -240.

[135] Wei Z. B. & O. Varela. State Equity Ownership and Firm Market Performance: Evidence from China's Newly Privatized Firms [J]. Global Finance Journal, 2003 (14): 65 -82.

[136] Woo W. , W. Hai, Y. Jin & G. Fan. How Successful Has Chinese Enterprise Reform Been? Pitfalls in Opposite Biases and Focus [J]. Journal of Comparative Economics, 1994 (18): 410 -437.

[137] Wu H. X. & Y. R. Wu. Rural Enterprise Growth and Efficiency [G]. in Christoper F. , A. Watson & H. X. Wu (eds.). Rural Enterprises in China [M]. New York: St. Martin's Press, 1994: 69 -92.

[138] Wu Y. Productive Growth, Technological Progress, and Technial Efficiency Change in China: A Three - Sector Analysis [J]. Journal of Comparative Economics, 1995 (21): 207 -229.

[139] Xu X. N. & Y. Wang. Ownership Structure, Corporate Governance and Corporate Performance: The Case of Chinese Stock Companies [J]. China Economic Review, 1999 (10): 75 -98.

[140] Yang M. J. Micro - Level Misallocation and Selection: Estimation and Aggregate Implications [Z]. UC Berkeley Working Paper, 2011.

[141] Young A. Lessons From The East Asian NICS, A Contrarian View [Z]. NBER Working Paper, 1993.

[142] Young A. The Razor's Edge: Distortions and Incremental Reform in the People's Republic of China [J]. Quarterly Journal of Economics, 2000, 115 (4): 1091 -1135.

[143] Young A. The Tyranny of Numbers, Confronting the statistical realities of the East Asian Growth Experience [Z]. NBER Working Paper, 1994.

[144] Zhang A. M. , Y. M. Zhang, & R. Zhao. Impact of Owership and Competition on the Productivity of Chinese Enterprises [J]. Journal of Comparative Economics, 2001 (29): 327 -346.

[145] Zhou M. & X. M. Wang. Agency Cost and The Crisis of China's SOE [J]. China Economic Review, 2000 (11): 297 -317.